KANTU ZOUTIANXIA CONGSHU

Zoujin Shijie Zhuming Gongyuan

走进世界著名
公园

本丛书编委会 编

看图走天下丛书

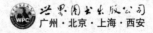
世界图书出版公司
广州·北京·上海·西安

图书在版编目（CIP）数据

走进世界著名公园/《看图走天下丛书》编委会编．——
广州：广东世界图书出版公司，2009.11 （2024.2 重印）
（看图走天下丛书）
ISBN 978－7－5100－1282－2

Ⅰ．走… Ⅱ．看… Ⅲ．公园－世界－青少年读物 Ⅳ．
K917－49

中国版本图书馆 CIP 数据核字（2009）第 191349 号

书　　　名	走进世界著名公园
	ZOUJIN SHIJIE ZHUMING GONGYUAN
编　　　者	《看图走天下丛书》编委会
责任编辑	韩海霞
装帧设计	三棵树设计工作组
出版发行	世界图书出版有限公司　世界图书出版广东有限公司
地　　　址	广州市海珠区新港西路大江冲 25 号
邮　　　编	510300
电　　　话	020-84452179
网　　　址	http://www.gdst.com.cn
邮　　　箱	wpc_gdst@163.com
经　　　销	新华书店
印　　　刷	唐山富达印务有限公司
开　　　本	787mm×1092mm　1/16
印　　　张	10
字　　　数	120 千字
版　　　次	2009 年 11 月第 1 版　2024 年 2 月第 12 次印刷
国际书号	ISBN　978-7-5100-1282-2
定　　　价	48.00 元

前　言

　　1858年，世界上第一个城市公园——美国纽约中央公园诞生。当设计者用树木、草坪、花卉、人工湖泊等景观，组合出与周围水泥建筑截然不同的自然区域，让人们在这里悠闲漫步，享受大自然给予的恩赐时，公园已经具备了观赏、游览、休憩、娱乐的基本功能，这个19世纪的新生事物迎合了人们物质生活丰富后的精神需求。100多年过去了，公园的社会作用随着社会的发展越来越明显，功能也在不断完善，尤其是在城市生活节奏加快、工作压力加大的今天，公园自然环境很好地缓解了人们心理上的紧张状态，恢复了市民的精力，逛公园成为人们日常生活必不可少的项目。随着公园分类越来越细化，纪念性公园、文化休闲公园、体育公园、水上公园、儿童公园等专题公园不断出现，每个公园主题不同，功能也有所侧重，但它们的基本作用却从未改变过，一如最初时那样鲜明。

　　中国公园的历史要追溯到1868年，由外国人建造的上海"公花园"（即今天的黄埔公园）是中国的第一个公园，而1906年几个接受了新思想的中国进步绅士在无锡建造的"锡金花园"才标志着中国公园历史的真正开始。

　　中国被称为"世界园林之母"，祖先给我们留下了丰厚的园林资源，积淀起一笔巨大的社会财富。其中，北京的颐和园、天坛，苏州古典园林，这些由具有重大价值的皇家园林和私家园林开辟成的公园，已经联合国教科文组织世界遗产委员会审定批准列入世界遗产名录，成为全世界的共同资源，为人类共享。

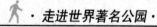

　　其实，不单单是城市公园，像植物园、动物园，还被赋予了科普的任务；游乐园为人们提供了快乐的理由；而国家公园更是被赋予了保护生态环境和提供科研场所的使命……显然，公园存在的意义是不容低估的。

　　公园动人的自然景观与有意义的社会活动之间艺术地有机结合，赋予了公园强大的艺术魅力。究竟魅力几何？且让《走进世界著名公园》为您细细道来吧。繁忙之余，我们邀您一起驻足生活，留意那些或远或近的美丽。

目　　录

黄石国家公园(美国)…………………………………………………… 1

纽约中央公园(美国)…………………………………… 5

洛杉矶迪斯尼乐园(美国)…………………………… 8

科罗拉多大峡谷国家公园(美国)………………… 12

约塞米蒂国家公园(美国)…………………………… 14

大雾山国家公园(美国)……………………………… 17

夏威夷火山国家公园(美国)………………………… 19

红杉树国家公园(美国)……………………………… 22

白沙国家公园(美国)………………………………… 25

大沼泽地国家公园(美国)…………………………… 29

卡尔斯巴德洞窟国家公园(美国)………………… 33

美国死谷国家公园(美国)…………………………… 36

奥林匹克国家公园(美国)…………………………… 38

雷尼尔山国家公园(美国)…………………………… 40

班夫国家公园(加拿大)……………………………… 42

艾伯塔省恐龙公园(加拿大)………………………… 45

蒂卡尔国家公园(危地马拉)………………………… 47

冰川国家公园(阿根廷)……………………………… 51

伊瓜苏国家公园(巴西与阿根廷)………………… 54

达连国家公园(巴拿马) …………………………… 59

托雷德裴恩国家公园(智利) …………………………… 61

拉帕努伊国家公园(智利) …………………………… 63

卡奈马国家公园(委内瑞拉) …………………………… 67

伦敦海德公园(英国) …………………………… 70

英国湖区国家公园(英国) …………………………… 72

牛津大学植物园(英国) …………………………… 74

邱　　园(英国) …………………………… 76

尼斯凤凰公园(法国) …………………………… 80

乐高园(丹麦) …………………………… 82

蒂沃利公园(丹麦) …………………………… 84

格雷梅国家公园(土耳其) …………………………… 86

加拉霍艾国家公园(西班牙) …………………………… 89

贝希特斯加登国家公园(德国) …………………………… 91

柏林大莱植物园(德国) …………………………… 94

比亚活维耶扎森林公园(波兰、白俄罗斯) …………………………… 96

普西罗芮特地质公园(希腊) …………………………… 98

布里特威斯湖国家公园(克罗地亚) …………………………… 100

帕多瓦植物园(意大利) …………………………… 102

颐和园(中国) …………………………… 104

天坛公园(中国) …………………………… 107

北海公园(中国) …………………………… 112

苏州古典园林(中国) …………………………… 116

张家界国家森林公园(中国) …………………………… 121

香港海洋公园(中国) …………………………… 124

九寨沟地质公园(中国)……………………………… 126

庐山地质公园(中国)………………………………… 128

黄山地质公园(中国)………………………………… 130

云南石林地质公园(中国)…………………………… 133

玉山国家公园(中国)………………………………… 135

偕乐园(日本)………………………………………… 137

冈山后乐园(日本)…………………………………… 139

冲绳海洋博览会纪念公园(日本)…………………… 141

日光国立公园(日本)………………………………… 143

萨加玛塔国家公园(尼泊尔)………………………… 146

奇特万皇家国家公园(尼泊尔)……………………… 148

普林塞萨港地下河国家公园(菲律宾)……………… 150

黄石国家公园（美国）

　　黄石国家公园位于美国西部北落基山和中落基山之间的熔岩高原上，绝大部分在怀俄明州的西北部。海拔在 2134～2438 米，面积 8956 平方千米。

　　黄石公园是世界上最原始最古老的国家公园。根据 1872 年 3 月 1 日的美国国会法案，黄石公园"为了人民的利益被批准成为公众的公园及娱乐场所"，同时也是"为了使它所有的树木、矿石的沉积物、自然奇观和风景，以及其他景物都保持现有的自然状态而免于破坏"。

　　早在 19 世纪初，肖肖尼人和其他印第安人曾经在这片土地上狩猎甚或星散地居住。那时，他们过的是一种极端贫困的生活。1806 年，约翰·科尔特成为迄今为止人们所知道的第一位到这里进行勘探的白人。他所作的兴高采烈的报道，很快就吸引了一批批狩猎者和探矿者，他们纷至沓来。1859 年，传奇人物吉姆·布里杰率领着第一支政府授权的探险队进入黄石探险。

　　1870 年，人类对黄石的一次最重大的造访——"沃什伯恩·兰福德·多恩"探险行动开始了。黄石公园的别名"老实泉"就是这支探险队的人给起的。在这支探险队中，出了一位心甘情愿为黄石公园献身的N·P·兰福德先生。在黄石公园开办之初，他义务担任了公园首任负责人，工作了 5 年，分文未取！另一个值得注意的名字是法官科尼利厄斯·赫奇斯，他的声望来自那个由他首先提出的"这片土地应该是属于这个新兴国家全体人民的国宝"这一革命性倡议。

壮观的黄石公园一角

1871 年，一支国家地质勘探队开始对黄石进行正式的勘察。这支以著名的地质学家 F·V·海登为领队的勘察队，也发表声明支持法官科尼利厄斯·赫奇斯的提议。F·V·海登也曾是 1859 年那支由吉姆·布里杰率领的政府探险队的成员。随后，一场影响极广、声势浩大的反对运动爆发了，万幸的是，尽管反对者甚嚣尘上，这个将这片公共土地交到联邦政府手中的议案，最终还是令人难以置信地在当年被提了出来，并且在后来获得了通过。那是 1872 年的 3 月 1 日，当时的总统尤利塞斯·格兰特在提案上签了字。至此，世界上第一个"国家公园"就这样诞生了。

最初吸引人们的兴趣并使黄石成为国家公园的显著特征是地质方面的地热现象，这里拥有比世界上其他所有地方都多的间歇泉和温泉、彩色的黄石河大峡谷、化石森林，以及黄石湖。

黄石河、黄石湖纵贯其中，有峡谷、瀑布、温泉以及间歇喷泉等，景色秀丽，引人入胜。其中尤以每小时喷水一次的"老实泉"最著名。园内森林茂密，还牧养了一些残存的野生动物如美洲野牛等，供人观赏。园内还设有历史古迹博物馆。

黄石国家公园内的另一景观是黄石河，它由黄石峡谷汹涌而出，贯穿整个黄石公园到达蒙大拿州境内。黄石河将山脉切穿而创造了神奇的黄石大峡谷。在阳光下，两峡壁的颜色从橙黄过渡到橘红，仿佛是两条曲折的彩带。由于公园地势高，黄石河及其支流深深地切入峡谷，形成许多激流瀑布，蔚为壮观。

　　黄石国家公园自然景观分为 5 大区，即玛默区、罗斯福区、峡谷区、间歇泉区和湖泊区。5 个景区各具特色，但有一个共同的特色——地热奇观。黄石国家公园内有温泉 3000 处，其中间歇泉 300 处，许多喷水高度超过 30 米。"狮群喷泉"由 4 个喷泉组成，水柱喷出前发出像狮吼的声音，接着水柱射向空中。"蓝宝石喷泉"水色碧蓝。最著名的"老忠实泉"因很有规律地喷水而得名，从它被发现到现在的 100 多年间，每隔 33～93 分钟喷发一次，每次喷发持续四五分钟，水柱高 40 多米，从不间断。园内道路总长 800 多千米，小径总长 1600 多千米，黄石湖、肖肖尼湖、斯内克河和黄石河分布其间。公园四周被卡斯特、肖肖尼、蒂顿、塔伊、比佛黑德和加拉廷国有森林环绕。黄石公园它那由水与火锤炼而成的大地原始景观被人们称为"地球表面上最精彩、最壮观的美景"，描述成"已超乎人类艺术所能达到的极限"。

　　科学家们发现：就在黄石地表以下较浅的地方，热流和熔岩活动极为活跃。3300 米的地下深层熔岩为热泉提供了充足的能量，百度的熔岩暖化地下的泉水，泉水从地表裂缝流出、渗出或喷出，这便是我们看到的温泉和热泉。

　　黄石公园地形基本呈一种凹形，冬季降雪极多，提供了它丰富的地下水源。地上的水很容易流人和渗进地里，最后流到温度远超过沸点的地底深处，受到地热持续的加温由冷转热，沸腾后化为蒸汽。在巨大的压力之下，蒸汽要找一条出路。如果蒸汽给往下流的流水堵住了，水的质量使蒸汽不能逸出空隙。就这样过了一段时间，因为蒸汽的压力不断增大、热度不断加高，最终挟着泉水喷涌而出，这就形成了间歇泉。典型的间歇泉快要喷发时，我们能看见水先从小洞里流出，或者发现水流量突然增加，接着，从地底深处传来轰轰雷鸣，这就表示蒸汽突破了水的阻碍。然后，我们会看见喷口的水柱被水蒸气抛升起来，时间持续几秒钟到几分钟不等。在水柱喷出的同时及之后一段时间，我们还能听到水蒸气隆隆的轰鸣，仿佛宣泄着内心的兴奋。最后，地下的压力解除，水蒸气喷射的力量也消失了，于是水再开始注满喷口，阻塞水蒸气的出路，酝酿下一次的喷发。

黄石大峡谷位于钓鱼桥和高塔之间，由黄石湖流出的河水，流经大约 38 千米的地带所形成的险峻峡谷，就通称为黄石大峡谷。这里是黄石公园最壮丽、最华美的景色。黄石湖往北流，形成了黄石河。黄石河水贯穿火山岩石，长期的强力冲蚀，形成了气势磅礴的黄石大峡谷，峡谷格外险峻，动人心魄，深度达到 60 米，宽 200 米，长约 32 千米。97千米长的黄石河是"美国境内唯一没有水坝的河流"。在这里，河水陡然变急，冲开四溅的水花，形成两道壮丽的瀑布，轰鸣着泻入大峡谷。这两个瀑布一个有 130 米高，这是上瀑布；另一个有 100 米高，称为下瀑布。这一段著名的河段，对于前来观赏的人来说，最引人入胜的既不是峡谷的深度和形状，也不是汹涌奔流的瀑布，最令人难以忘怀的是那光怪陆离、五光十色的风化火山岩。峡壁从头到脚都闪烁着耀眼的光泽，在阳光下绚烂夺目。白、黄、绿、蓝、朱红以及无数种与红色相调而出的颜色。眼前是数百万吨的岩石，一切看上去却像用油彩涂成，仿佛毫无顾忌地暴露在风吹日晒之中，颜色是那样鲜艳，牢固的色彩既不会被冲刷而去，也不会因风吹日晒而褪色。这效果太奇异、太不可思议了。

黄石国家公园还是美国最大的野生动物庇护所和著名的野生动物园，这里有 300 多种野生动物，包括 60 多种哺乳动物、18 种鱼和 225种鸟。灰熊、美洲狮、灰狼、金鹰、麋鹿、白尾鹿、美洲大角鹿、野牛、羚羊等 2000 多种动物在这里繁衍生息。

纽约中央公园（美国）

纽约中央公园不只是纽约市民的休闲空间，更是全球人民所喜爱的旅游胜地。1850年新闻记者威廉·布莱恩特在《纽约邮报》上提出进行公园建设运动之后，1858年奥姆斯特德和沃克两位庭院设计师开始设计修建此公园，1876年该公园全部建成。中央公园坐落于曼哈顿摩天大楼之间，占地340多万平方米，是纽约最大的都市公园，也是纽约第一个完全以园林学为设计准则建立的公园，更是世界上第一个城市公园。

中央公园被第59大街、第110大街、5路、中央公园西部路围绕着，里面有浅绿色草地、树木郁郁的小森林、庭院、溜冰场、回转木马、露天剧场、两座小动物园，也有泛舟水面的湖、网球场、运动场、美术馆等等。以下简单介绍纽约中央公园的特色景点。

1. 戴拉寇特剧院：发生在纽约最棒的事，其中之一，就是每年夏天在中央公园戴拉寇特剧院演出的莎士比亚戏剧，这是由常驻公共剧院表演的约瑟派普剧团担纲演出，最令人兴奋的是，完全免费索票。

2. 毕士达喷泉：毕士达喷泉及广场位于湖泊与林荫之间，是中央公园的核心。喷泉建于1873年，为了纪念内战期间死于海中的战士。毕士达之名则是取自圣经的故事，内容叙述在耶路撒冷的一个水池因天使赋予的力量，而具有治病的功效。"水中天使"的雕像，则是取自托尼·库什纳的史诗戏剧作品《天使在美国》。而围在喷泉旁的四座雕像分别代表"节制"、"纯净"、"健康"与"和平"。这座水池常常有成群天鹅悠游其间，也有不少游客在湖中划船。

3. 绵羊草原：在 1934 年以前，这片大草皮真的是用来放牧绵羊的，后来很写实地以绵羊草原来命名，现在虽然不是作为让绵羊吃草之用，却是个提供人们野餐与享受日光浴的好地方。草原四周以栅栏围起来，在这里可以看到很壮观的日光浴场景，白人们各出奇招地设法让自己晒黑，近处的茵茵草原与"人肉"景观，衬着远方的高楼大厦，倒也是夏日的一大奇观。

4. 草莓园：约翰·列侬遗孀——小野洋子为了纪念其夫于 1980 年遇刺，

纽约中央公园日光浴

在住处（也是列侬遇害的地点）达科塔大厦前，出资修缮了这个泪滴状区域，并称之为"草莓园"，因为列侬在 1967 年写了一首名曲——"永远的草莓园"。从达科塔可以俯瞰这个地点，这个花园中有来自世界各国的捐赠，故称为"国际和平公园"。园内有步道、灌木丛、森林、花床等。园区入口处，还有一个带有黑白纹理相间星形图案的大圆盘，圆盘中间刻有"Imagine"一词，这也是约翰·列侬之前的作品名字。每年 12 月 8 日（列侬遇害日），全世界的披头士歌迷会聚集在此一同纪念他，并遥望达科塔旧居。平时也有歌迷会在马赛克图形上点一根蜡烛、放一束鲜花来凭吊他。

5. 保护水域：保护水域以"模型船池塘"闻名，春天至秋天的每个星期六上午 10 点，这里会举行模型船比赛，比赛地点位于那座新文艺复兴风格的水坝前，这座水域北部有一座爱丽斯梦游仙境的雕像，这是出版家乔治·戴拉寇克为了纪念爱妻出资建立的。爱丽斯与草帽人坐在一个巨大的蘑菇上，还有猫与兔子，小孩子可以在这个区域游玩。湖的西面有丹麦小说家安徒生的塑像，还有一只丑小鸭蹲在他脚下，夏天的周末则有说故事的人在这里为小朋友们朗读故事书。

洛杉矶迪斯尼乐园（美国）

洛杉矶迪斯尼乐园是全球第一家主题公园。

迪斯尼把动画片所运用的色彩、刺激、魔幻等表现手法与游乐园的功能相结合，1955 年推出了世界上第一个现代意义上的主题公园——洛杉矶迪斯尼乐园。迪斯尼乐园是沃特迪斯尼先生伟大的成就之一，当年他 22 岁时只身闯天下，凭着本身创意起家。当时的电影仍处于黑白无声阶段，他的处女作是 1923 年由真人和动画合演的《艾丽斯在卡通国》。这部黑白、无声短片开创了他的创意旅程，之后迪斯尼拍摄了许多受欢迎的动画影片，例如《白雪公主》、《木偶奇遇记》、《仙履奇缘》等，捧红了米奇老鼠、唐老鸭等卡通明星。"It all started with a mouse!"是沃特迪斯尼生前常说的一句话，一只老鼠的确造就了整个迪斯尼王国的诞生！

虽然在米奇老鼠诞生之前，迪斯尼已制作过其他一系列的黑白短片，不过让迪斯尼真正尝到成功、名利双收却是大家熟悉的米奇老鼠！当年迪斯尼的动画电影已非常成功，但沃特迪斯尼还想继续扩大其娱乐王国的版图，于是就计划兴建一个主题游乐园。据说，沃特迪斯尼最初想到要建造一座主题公园，是因为他对于只有小孩子在玩乐、大人只可在旁边呆等的游乐园感到十分不满，而且当时的游乐场设施都不大好，一般只有小型的游乐场和游园会。于是他便想到要建一座不论大人小孩都可尽兴而归、所有客人都可受到贵宾式对待的梦幻游园地。

迪斯尼积极开发新技术，不断推出新的设施，在迪斯尼乐园中负责新设施规划设计的人员被称为"幻想工程师"。按照沃特迪斯尼的计划，迪斯尼乐园不但交通要四通八达，收费要经济，最重要的是尽想象力之能事，凭空创建密林、瀑布、密西西比河，让堡垒富有童话味道，让假动物看似真动物，创造未来太空世界。对所有设计人员和工程师来说，这些都是在迪斯尼乐园这如空中楼阁的构想之中。沃特迪斯尼本人的美术天分以及电影制作背景，可谓帮上了一个超级大忙，部分设计草图是由他本人完成的。

在 1955 年 7 月 17 日位于加州洛杉矶的首个迪斯尼乐园正式开幕，沃特迪斯尼心中的梦幻王国变成真实世界。洛杉矶迪斯尼乐园共分为 8 个主题区，各具有不同的特色：

1. 美国大街

仿造一百多年前的美国景观所建，一草一

洛杉矶迪斯尼乐园中的米奇

木保有相当的古味，对参观游客而言，美国大街是进入迪斯尼各主题园区的第一站，因此又有"时光隧道"的效果，美国大街是迪斯尼拥有最多服务设施、商店和餐饮的区域。

2. 边界地带

注重美国早期移民的开垦精神，边域乐园的背景设定在美国早期的开垦时代，这里最热门的就是"霹雳过山车"，类似采矿车的云霄飞车，在布满红色石头的河床，以及从恐龙肋骨中穿过，最后还有巨石滚滚而来的山崩。

3. 梦幻王国

与童话故事最密不可分的梦幻王国耸立在乐园正中央的睡美人城堡，是整个迪斯尼乐园的精神象征和地标。其中小小世界是迪斯尼乐园的经典之作，充满童趣。

4. 冒险世界

综合非洲、亚洲与南太平洋许多原始区域的风景特色，以一条河流贯穿整个园区，两岸展现非洲丛林的一景一物，这里是充满野性的世外桃源。冒险世界最受欢迎的就是 1995 年揭幕的印第安琼斯探险，其灵感取材脍炙人口的法柜奇兵系列，名导演乔治·卢卡斯也参与制作，吸引不少游客前来亲身体验电影般的魔幻魅力。

5. 米奇卡通城

这里是米老鼠和他所有好朋友的家园，旅客可以进入参观米奇和明妮的家，还有跟他们合影的机会。米奇卡通城所有的建筑物都和他们的主人一样，五颜六色、造型鲜艳大胆，且相当有个性。跟凡人的都市一样，卡通城也有市政府、广场、工厂、邮局、电车，卡通人物也经常在此出没。

6. 动物天地

迪斯尼动画影片中的动物角色，是此园区的最大卖点，事实上，动物天地并不见得永远像它的名称一样温和，因为里面有一个总是让人尖叫不已的飞溅山，在原木小船的带领下，迂回前进于室内外流域，最后从真实的瀑布中几乎垂直冲下，将紧张气氛带至最高点。

7. 纽奥良广场

以路易斯安纳州的纽奥良市为背景，呈现当地深受法国殖民文化影响的特色，其中又以法式风格的露天咖啡座及蓝色海餐厅最负盛名，在蓝色海湾厅内可与乘坐加勒比海海盗船的游客打招呼。

8. 明月世界

游客将置身未来，并穿梭于各个太空冒险之旅当中。跟巴斯光年携手拯救宇宙或踏上高速旅程飞往外太空，更可以亲自驾驶太空船。

　　迪斯尼乐园正式面世后立刻就独领风骚引起轰动，开张才一年多，游客就突破一千万人次！迪斯尼乐园的成功，从此改写了历史。当1965年迪斯尼乐园10岁生日时，它的游客总数达到了5000万人。在10年里，迪斯尼乐园的收入高达1.95亿美元之多。自1955年迪斯尼乐园建成开放以来，每天到此游玩的人数约4万，最多时可达8万。仅一天的门票收入就近百万美元，再加上园内各项服务行业，其收入更为可观。50多年来，乐园已接待游客10多亿人次。

科罗拉多大峡谷国家公园（美国）

举世闻名的科罗拉多大峡谷全长约 330 千米，位于亚利桑那州西北角，宽度从 6 千米到 10 多千米不等，最深处可达 1824 米，将近 2 千米。大峡谷是科罗拉多河及支流历经数千万年中不断冲积所产生的，是奔腾的科罗拉多河从堪帕布高原中切割出的令人震撼的奇迹，气势宏伟，叹为观止。无论是在南岸还是北岸，居高远望，都可以清楚看到坦如桌面的高原上的一道大裂痕，那便是科罗拉多河刻在这片洪荒大地上的印迹。

鬼斧神工的科罗拉多大峡谷

1919 年美国国会通过法案，将大峡谷中长约 170 千米、面积 2728 平方千米、最深的一段峡谷辟为国家公园。现在，每年都有数百万国内外游客到这里旅游，欣赏大自然的鬼斧神工，认识地球亿万年的神奇变化。

科罗拉多河是北美洲的主要河流，它在科罗拉多高原上共切割出

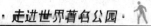

19 条主要峡谷，其中最深、最宽、最长的一条就是科罗拉多大峡谷。该峡谷起于马布尔峡谷，终端为格兰德瓦什崖，是世界上最长最深的峡谷之一。

从谷顶到谷底需 3 小时至 4 小时，谷底两岸的宽者小于 1 千米，窄处仅 120 米，两侧的谷壁呈阶梯状。从谷底至顶部沿壁露出从前寒武纪到新生代各期的系列岩系，水平层次清晰，岩层色调各异，并含有各地质时期代表性的生物化石，故有"活的地质史教科书"之称。

科罗拉多大峡谷以其规模巨大、色彩丰富而著称，大峡谷最迷人的是峡谷颜色随着阳光与云彩的变化而千变万化。它令世人注目并被列为世界自然遗产名录的最重要原因，还在于它极其重要的地质学意义——保存完好并充分暴露的岩层，记录了北美大陆早期几乎全部的地质历史。这里记录了 550 万年前至 250 万年前古生代的岩石，在那之后的要么没有沉积，要么就已经风化了。峡谷的形成则比其岩石晚得多（约 6 万年前至 5 万年前）且复杂得多，主要是科罗拉多河的侵蚀、降雨和冰雪融化等的流蚀作用也几乎同样重要。奇特的造型主要是由于流蚀对质地不同的岩石作用的快慢不同，峡谷丰富的色彩则是由所含的少量的各种矿物造成的，富含铁的岩石呈红或红褐色。

大峡谷大致上可分为 3 区：南缘、北缘和谷底。南缘是最多游客到访的地方。西线从马瑟景点到隐士居全长 13 千米，访客中心、火车站和餐厅旅馆都在这条路上。东线从亚奇观景点到沙漠观景点全长 2337 千米，在沙漠观景点可以登高远眺，美景尽收眼底。北缘海拔 2500 米，每年的 5 月到 10 月开放，温度也较南缘低一些。谷底夏季温度高达 50℃，且日夜温差极大。到谷底有好几条路可走，天使客栈是最受欢迎的一条。

·走进世界著名公园·

13

约塞米蒂国家公园（美国）

约塞米蒂国家公园的译名还有优山美地国家公园、约瑟米提国家公园等。"约塞米蒂"一词在印第安语中意即灰熊，是当地印第安土著的图腾。相传 1000 多年前，北美的印第安人就已经在这片广袤的谷地里生息繁衍。1864 年，美国总统林肯将约塞米蒂谷划为予以保护的地区，因而约塞米蒂谷被视为现代自然保护运动的发祥地。这个公园是美国西部最美丽、参观人数最多的国家公园之一，与科罗拉多大峡谷国家公园、黄石国家公园齐名，位于加利福尼亚州东部内华达山脉上，1890 年建成，占地面积达 2849 平方千米。

公园以其约塞米蒂山谷闻名于世，约塞米蒂山谷在上一次冰河时期被冰川覆盖，山谷呈 U 形，两旁峭壁上到处可见由冰川切削过的痕迹，最有名的莫过于半圆丘了。山谷到处挂满了瀑布，最有名的是约塞米蒂瀑布。冰川退去后，约塞米蒂山谷曾经历多次泛滥，谷底形成一片泛滥平原，优美的麦斯德河从中流过。

约塞米蒂的气候属于地中海气候，也就是说绝大部分的降雪在暖冬发生，其他季节相当干燥。约塞米蒂国家公园无所不在的花岗岩仿佛形成了粗糙的灰色帆布，上头画着耀眼的翡翠森林、闪耀的银色河湖，以及形形色色的花草树木。冰雪是这座自然圣殿的创造者，200 万年前的冰河冲刷着这片土地，切割出深深的峡谷，雕琢成险峻的山峰，磨洗着陡峭的崖壁，创造出巨大精美的花岗岩块，以它的无穷力量将远古蜿蜒的小河及起伏的山丘转变成目前雄伟壮观的地形。这里有世界最高瀑布之一的约塞米蒂瀑布，有世界上最高大的独立花岗岩"酋长石"，还有世界上最老的山红木"灰熊"。

　　公园以约塞米蒂溪谷为中心，峡谷内有默塞德河，以及一些瀑布，包括著名的约塞米蒂瀑布。景观中还有许多美丽的山峰，其中最著名的是船长峰，这是一个由谷底垂直向上高达1099米的花岗岩壁，是世界上最高的不间断陡崖之一。公园内的地势落差极大，不断映入眼帘的山峰、峡谷、河流、瀑布，构成了山谷内鬼斧神工的雄伟景色。园内有1000多种花草植物，生长着黑橡树、雪松、黄松木，还有树王巨杉等植物。其中有株称为巨灰熊的巨杉，估计已有2700年的树龄，是世界上现存最大的树木。

　　约塞米蒂山谷有着奇迹般的美丽：薄雾弥漫的日出，拔地而起的

约塞米蒂国家公园一角

"落箭岩"，平行的"三兄弟峰"和表面受冰川作用切割平均的"半边天"等。由特纳雅、伊利洛特和约塞米蒂3条河汇成的默塞得河横贯谷底，使这里成为世界上瀑布最集结的地区。深邃的约塞米蒂山谷全长超过14千米，最宽处约1.6千米，最窄处只有0.8千米，蜿蜒的梅塞德河贯穿其中。这里有高耸入云的红杉，壮观美丽。

约塞米蒂山谷中的半月丘在山谷中算是比较开阔的。晴天日中时太阳照在半月丘的花岗岩峭壁上，突显其险峻有力；傍晚时，斜阳将半月丘染成橙红色，像一团熊熊烈火在燃烧着；乌云密布时，黑压压的云伴着乌漆漆的半月丘，颇有一种深邃感；雨过天晴时，一道道的阳光依次从云缝中射出，并随着乌云的消散而变化着，上演着一出天然的激光表演。

著名的新娘面纱瀑布，水量并不算大，朦朦胧胧的像一块新娘面纱一般悬在空中。冰河时期，约塞米蒂这条主山谷中含冰量较多，山谷也被切得较深。流入主山谷的支流中含冰量较少，山谷也被切得较浅。冰河时期结束后，这些支流便恍如一条又一条的悬空山谷，当河水流到这些悬空山谷的尽头，准备汇入主山谷时，便冲出一道又一道的瀑布来。新娘面纱瀑布便是这些众多由悬空山谷流出的瀑布中的其中一道，也是这一路上看见的第一道。

在山谷以外，约塞米蒂国家公园还有3个巨大的世界爷（巨杉）树林，千年古木参天，蔚为奇观。此外，后山还有许多美丽的湖泊、高地草原、其他的峡谷等，非常值得一去。著名的太平洋山脊径以及约翰·缪尔径都从公园东部穿过。公园里形形色色的野生动物特别多，包括常见的鹿、松鼠等，以及比较不常见的灰熊、黑熊、山狮子、狼、狐狸等。

大雾山国家公园（美国）

  大雾山国家公园位于美国东部北卡罗来纳州和田纳西州交界处的南阿巴拉契亚山脉，公园骑跨了大雾山脉和部分蓝领山脉。从远处看去，大雾山国家公园整体好像弥漫着一层淡淡的忧郁的雾气，因此得名"大雾山"。

大雾山国家公园一角

大雾山看起来就像远古世界的遗迹，那时整个世界都覆盖着树木，阵雨连连，薄雾弥漫，巨大的山脉拔地而起，重峦叠翠，连绵不绝。虽然美国西部各州遍布崎岖陡峭的山脉，但论及年代久远，它们却远远不及大雾山。大雾山可以说是美国东部最典型的山脉。由于山林上空总是笼罩着一层淡淡的薄雾，因此得到了大雾山这个名称。每天的不同时刻，山雾呈现出不同的景象。清晨，大雾充满整个山谷，只有高处的山峰影影绰绰闪现于远方；中午，山雾变成了缕缕轻烟，缓缓地滑过山腰；日落时分，山雾又成了玫瑰色的云帘，映衬着夕阳下紫色的山岭。

　　大雾山茂密的森林和物种的多样性在很大程度上与地形有关，阿巴拉契亚山脉阻挡了远古的冰川，使这里保存了很多古老的物种。

　　大雾山森林覆盖率在95%以上。山中多变的地形地势为植被的生长演化提供了良好的环境，植物群落随着海拔高度发生明显的变化。山地的上部是以加拿大冷杉和云杉为主的针叶林；中下部以阔叶林为主；山麓地带，高大的栎树、松树、铁杉混杂。

　　大雾山公园的动物种类也同样丰富多样。公园内共栖息着30种以上的哺乳动物，其中有著名的美洲狮和黑熊。爬行动物中有乌龟7种，蜥蜴8种，蛇类23种。公园内多山溪水流，其中生活着70种本地鱼类。水陆交界面上的两栖动物更是种类繁多，仅蝾螈就有27种，其种数之多号称世界之最，其中的赤面蝾螈仅存在于大雾山国家公园。此外，园内还特意修建了野外博物馆，以便游客了解并想象早期的拓荒者及山地农民的生活方式。

　　大雾山国家公园这片郁郁葱葱的原始林地就像一块未经雕琢的美玉，寂静而持久地展示着自己的原始美貌。

夏威夷火山国家公园（美国）

　　夏威夷火山国家公园，位于美国夏威夷州夏威夷岛东南，1916 年建立。公园占地近 9 万公顷，以冒纳罗亚、基拉韦厄两座活火山而著名，它们溢出的奔腾汹涌的橘红色火山熔岩，是夏威夷火山公园最具特色的景观。

　　其中冒纳罗亚火山是夏威夷第一大火山，它海拔 4170 米，呈圆锥形。它是从水深 6000 米的太平洋底部耸立起来的，从海底到山顶高度超过 1 万米，比珠穆朗玛峰还高 1000 多米。冒纳罗亚火山约喷发过 35 次，至今山顶上还留着火山口。火山喷发时，大量熔岩不断地倾泻出来，使山体日益增大，被称为"伟大的建筑师"。这座火山的大火山口称为"莫卡维奥维奥"，意思是"火烧岛"。这个火山口在 1984 年 4 月再次喷发，熔岩向夏威夷首府希洛的方向流泻了约 27 千米。大喷发前在火山上空出现了巨大的热浪，附近的人先看到了滚滚乌云，接着是电闪雷鸣，随即下起了大雨。

　　海拔 1243 米的基拉韦厄火山坐落在冒纳罗亚火山的东南侧，山名的意思是"吐出许多"。基拉韦厄火山的活动极为频繁，曾经有过 30 年喷发 50 次的记录。从 1983 年初到 1984 年 4 月一年左右的时间里居然发生了 17 次火山爆发，其活动频繁在世界上实属罕见。火山爆发的时候，其景象十分壮观。熔岩像喷泉一样翻涌奔腾，四处飞溅。金黄色的巨流像决堤的洪水，有的沿裂缝泻出，有的则从火山口喷出，气势汹

走进世界著名公园

19

涌，势不可挡。

　　最著名的喷发特征是壮观的熔岩抛向空中达 90 米，最高达 503 米。离开火山口的熔岩，就像一条红色河流，沿着山丘向下流动。相传在夏威夷火山居住着女神佩莉，她时常云游太平洋诸岛，基拉韦厄火山的爆发就是为了迎接女神远游归来。

　　夏威夷火山观测站成立于 1912 年，就坐落在公园内基拉韦厄破火山口的边缘。观测站在公园管理方面发挥着主要作用。为预测危险的地震活动，人们密切监视着地面变形、气体外溢、电力、磁力和重力场的变化，以及熔岩的活动。在公园里对外关闭的地区，熔岩正在大量流动。夜幕下，熊熊燃烧的熔岩不断向空中喷吐着滚滚的红色蒸气，流经乡村，冲下山坡，涌向海洋。

　　相传在很久以前，烈火女神皮尔是捣蛋鬼莫埃·莫埃阿·奥利伊和大地母亲奥梅阿的女儿。这位女神四处旅行，寻找安身之处。她一个接

冒纳罗亚火山景观

一个地寻遍了夏威夷群岛的每个地方，但是每当她用魔铲挖土掘火坑时，总是距海太近，海浪滚滚扑灭了火焰。最后，女神终于在夏威夷岛东南角的基拉韦厄火山上找到了梦寐以求的家园。人们有时也把这座岛叫作比格艾兰岛。

夏威夷当地人很注重传统，至今仍然给女神供奉肉、鱼、水果和鲜花。人们把祭品放在岛群中的圣地，哈莱莫莫火山口的边缘。这处圣地位于夏威夷火山国家公园内。公园是 1961 年根据美国国会法令建立的，在 1980 年成为教科文组织生物圈保护区。公园的地位并没有阻碍当地人在园内进行传统活动。当地人定期去公园不必花 5 美元入园费，他们可以采摘所需的草药，妇女也可以在园内的温泉中沐浴。

公园以良好的设施每年接待约 200 万名游客。在宽敞的游览中心举办展览会、放映电影，并有大量的文件资料，中心还提供专题导游项目。沥青铺就的公路网使游客可以环绕基拉韦厄山的边缘游览，或是一直走到海边。缤纷的景致让人惊叹，步行小路更是四通八达。当夕阳西下，你沿途会看到喷吐着烟雾的银灰色火山口，一堆堆橙色的硫磺，蕴含矿物质的沙漠以及茂密的森林，高耸的蕨类植物同深色的树叶交织在一起。游客们可以登上 4170 米高的冒纳罗亚火山，这个由一次次熔岩流堆积而成的山峰，它那精美的圆形山顶上有时也会白雪皑皑。

除火山外，夏威夷火山国家公园内还有热带鸟类、雉、鹌鹑等，但较多的动物是狐猿、野山羊、野猪。这里经常活动着如蝙蝠、大鹰、乌鸦、夏威夷白腹水鸟等动物，其中还有夏威夷州州徽图案上的夏威夷雁。公园内各种热带作物生长茂盛，热带雨林的主要树种有桉树、棕榈和松木等，也有不少经济林木如橡胶、可可树和椰树等。此外还生长着经济价值很高的其他热带植物，有甘蔗、菠萝、香蕉、番石榴等，产量异常丰富。

红杉树国家公园（美国）

　　红杉树国家公园，位于美国西部加利福尼亚州西北的太平洋沿岸，1980 年，联合国教科文组织将红杉树国家公园作为自然遗产，列入《世界遗产名录》。

　　红杉树国家公园，南起大苏尔，北至俄勒冈州界以北不远的地方，面积 429.3 平方千米。国家公园内有世界上现存面积最大的红杉树林，其中百年以上的老林区有 170 多平方千米。这里靠近海洋，气候温和湿润，为红杉的生长创造了极为有利的条件。红杉树国家公园拥有世界上最高大的植物——可长到 100 米的红杉树常青原始森林。公园特地为保护红杉树森林而成立，因为现在只有在红杉树公园和俄勒岗地区的红杉树才能成活。

　　红杉又叫美洲杉，树干是玫瑰般的深红色，长得异常高大，成熟的一般高达 60～100 米。红杉的寿命也特别长，有的已有 2000～3000 年的高龄，甚至有生长了 5000 年之久的古木。红杉生长快，成活率高，材质优异，具有很强的避虫害和防火能力，被公认为世界上最具价值的树种之一。红杉成材后，最上端的 30 米枝繁叶茂，像撑开的巨大的伞，而 30 米以下没有旁枝。红杉树高大遮阳，在自然竞争中处于强势，形成了较为单一的植物群落，只是在林间的底部有蕨类植物生长。

　　红杉能领受最高之树的称号，巨杉则是最大之树，而且是最大的活有机体。巨杉最多可活 4000 年，寿命仅次于芒松，该树种可在内华达山的荒漠山区找到，已知有些树的树龄已达4900多岁，高95米左右，树干直径5～11米。最大的一株巨杉"谢尔曼将军"，树龄约4000岁，重约300万千克。除了树的神秘色彩外，这个国家公园的森林中包括驼鹿、麋、黑熊、河狸以及白尾鹿和黑尾鹿在内的许多种动物也是十分重要的。

红杉树国家公园一角

　　红杉树是恐龙时期生长的巨大的常青树的后代，喜欢潮湿的生存环境，它们400年才能成材，一些树已经活了2000多年，高耸的树冠覆盖着由几世纪落叶形成的寂静的地毯。厚厚的树皮使它们很少遭到火灾，但山崩和强风可摧倒那些老树，印第安人用倒下的树木做独木舟或建房屋。商业性的木材砍伐自淘金时代开始，红杉树仍在继续被砍伐，在木材公司和环保主义者之间引起了争议。红杉树是自然界缓慢进化的神奇见证，红杉树国家公园的建立体现了国家公园管理局和加州公园管理委员会共同努力的结果。

　　红杉树国家公园作为一处世界自然遗产和国际生态保护组织的受保护资源，为很多国家的人们所珍视。红杉树国家公园保护那些古老的海边红杉树森林，和不像红杉树那么有名的草原、橡树林，以及海边和海洋生态系统。公园夏天经常很潮湿，海边常有雾，山脚地带的内陆地区则更多是晴朗、温暖的天气。冬天普遍很冷，降雨充足。

　　红杉的生长现今已局限于从俄勒冈州南部的克拉马斯山延伸到加

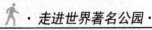

利福尼亚州北部的蒙特雷湾的一个狭长的沿海地带，而巨杉则栖生于内华达山脉的坡地。长势最好的红杉在加州北部沿海的红杉国家公园内，最大的巨杉则在加州中部的巨杉国家公园内。红杉和巨杉是质量极高的木材，适用性很广，可用作造房子、做家具、铁路枕木和篱笆木桩。它们生长挺拔，木纹精细，光亮坚硬，天然油脂与松香的结合使其几乎能防腐和抵御白蚁及其他昆虫的侵袭。

红杉的命运一直坎坷不幸。从19世纪中叶开始，人类对红杉的砍伐一直没有停止。尤其是进入20世纪以来，大型拖拉机和电锯发挥其伐木威力，红杉林被大面积毁坏。20世纪60年代，美国国家地理学会勘察发现8000平方千米的原始红杉林中只有15％的红杉未遭到砍伐。1968年，美国总统约翰逊签署法令，正式设立面积为230多平方千米的红杉国家公园。1978年3月，卡特总统签署法令，将私人手中近200平方千米的红杉林划归红杉国家公园。与此同时，一些牧场、橡树林及其他原始森林也被划入该国家公园。

此外，公园内还生活着70多种哺乳动物，南部有大群的马鹿，海中常常能见到灰鲸，潮湿地带为候鸟提供不休息和觅食之地。到现在为止，有200多种鸟类在公园内出现过。

白沙国家公园（美国）

白沙国家公园是世界著名的自然奇迹之一，在美国西南的新墨西哥州，自然创造了巨大的纯白色沙子的移动沙丘，这些沙丘铺成 7 万公顷的沙漠。

这是美国最大沙丘平原中的一个，这明亮的白色沙丘总是在变化着、移动着，就像大海中的海浪一样。在强风的驱使下，这些沙按照它自己的路径向前移动并覆盖了所有东西，这就像巨大的沙海一样。

这种沙丘创造了一种极端的自然环境，植物与动物为了生存而艰难地抗争着，只有一小部分植物在移动的沙丘埋葬后能快速地生长，有几种小型动物的颜色变成了白色，以利于在沙丘中隐藏。白沙国家公园保护了这些沙丘的大部分，同时还保护在此生长的动植物。每年有 50 万人到此参观，他们爬到沙丘顶上观察沙海的移动。

如果想了解这些沙子是怎么来到这一地区的，就要把时间倒回到 2.5 亿年前，这一地区曾经是一个内陆海，随着时间的流逝，内陆海的海水渐渐地消失了，而钙和硫磺却留了下来。这些矿物质形成了石膏岩。然后，7000 万年前，地球表面，或地球外壳向上隆起，这些岩石形成了两大山脉。后来，地壳裂开，这一地区就处于两山脉之间，而且下沉了，形成了一个半圆形的碗，这个岩石碗就是著名的杜拉萨盆地。

大约 24000 年前，这一地区的雨量很大，雨水填满了杜拉萨盆地，进而形成了奥特罗湖。从山上冲下来的雨雪携带着石膏冲进了奥特罗湖。

后来，奥特罗湖几乎完全干涸了，石膏却保存了下来。强风狂吹着这片土地达数千年，石膏都被粉碎了。风撕裂着这些石膏，使之变小到能够被带走一小段距离。无论风到了何处，都会落下沙粒，沙丘形成了。

白沙国家公园的沙丘是不同寻常的，因为这些沙丘是由石膏形成的。石膏沙不同于普通的沙子，绝大多数沙子是石英，一种很坚硬的硅晶体组成的。石膏沙是由柔软的钙酸盐组成的，它很容易在水中溶解，所以，它在形成的沙丘中是很少见的。绝大多数石膏都会通过河流被带到大海去，但是杜拉萨盆地却是封闭的，没有河流流经此地，所以，被水溶解的石膏无处可走。石膏沙一直在形成之中，沙丘在水和风的作用

白沙国家公园景观

下继续形成并且不断地移动，水继续从山上冲下，携带着大量溶解的石膏进入杜拉萨盆地，而风则继续携带着石膏吹向盆地。石膏沙相互碰撞形成沙粒，这种相互碰撞形成了细线或在沙子的表面形成刮痕，这些刮痕改变了光线照射到沙子表面的方向，这使得沙子变成了白色。这些沙丘看起来就像大量的明亮的白雪，但是它们却不冷也不湿。这里每年只有 18 厘米的降水。

在白沙国家公园有 4 种类型的沙丘，有些沙丘很小而且移动很快，这样的沙丘称作圆顶沙丘，因为他们的形状就像一个半圆，即便有植物在此生长，那也是很少的，这些沙丘移动得最快，每年移动达 12 米。另一种沙丘叫作横向沙丘，它们横穿整个沙漠形成一条很长的线，它们能逐渐变成 120 米厚和 18 米高的沙丘。还有一种沙丘叫作弧形沙丘，它们是在强风但沙源不足的情况下形成的，这些沙丘分成 3 部分，就像一个人体，有一个中心，两侧有两条手臂，在两条手臂中的沙子要比中心的沙子移动得更快。抛物线沙丘则是相对于弧形沙丘而言的，当植物控制住沙丘外围的沙子，而沙丘中间的沙子却继续移动时，抛物线沙丘就形成了。

在白色沙漠这样极端恶劣的自然环境中，却生活着 400 种左右的动物，它们中的许多是鸟类和昆虫。这里还有 26 种爬行动物，包括响尾蛇和蜥蜴，而且这里还有 40 多种哺乳动物，这些哺乳动物包括野兔、狐狸和山狗。

动植物经常改变自己以便能在此极端的自然环境中生活，许多生活在这沙丘中的动物已经变成了白色，所以在沙子中你很难看到这些动物。而且，在天气非常炎热的白天它们躲在地下，只是在晚上天气凉快时出来，人们所能看到的也许只有它们的脚印。

植物难以在白色沙丘中生长，但即使是生长在最干旱的沙漠中的植物在此也很难生存下来的，一个主要原因是沙丘在穿越沙漠移动时在它们的移动路途中会把植物埋葬了。然而，还是有一些部分植物逐步发展

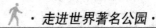

出了一种技巧，能避免在沙丘移动时被埋葬，例如，有些植物长得很高而且它们的根在沙中长得很深，皂角丝兰植物就能使它的茎长得很长，从而使它的叶子长在沙子的上面，这种植物一年能长 30 厘米。

在白沙国家公园必须小心的是这个公园完全处于国家导弹射程之内，导弹射程覆盖了 100 万公顷。二战后，这个导弹发射场第一次作为军事武器试验区，它一般用于测试从德国军队缴获的火箭。至今，这个发射场仍然是一个重要的武器试验和太空技术的测试基地。这样的测试每周大约进行 2 次。为了安全原因，在进行试验时，这个公园和向南通向拉斯科鲁塞斯的道路也许会封闭一两个小时。

大沼泽地国家公园（美国）

大沼泽地国家公园建于 1974 年，现在已经覆盖约 566552 平方米。它位于佛罗里达州南部尖角位置，约 15 厘米深、80 余米宽的淡水河缓缓流过广袤的平原，因而造就了这种独特的大沼泽地环境。辽阔的沼泽地、壮观的松树林和星罗棋布的红树林为无数野生动物提供了安居之地。这里是美国本土上最大的亚热带野生动物保护地。园内栖息有 300 多种鸟类，其中像苍鹭、白鹭这些美丽的鸟得到了很好的保护；美洲鳄、海牛和佛罗里达黑豹也受到良好的保护。

大沼泽地国家公园全年开放。每年的 12 月到来年的 4 月是旅游的旺季，5 月到 11 月是旅游的淡季。无论是步行、乘坐独木舟、坐船还是乘坐缆车，都可以很好地观察野生动物，其中包括美洲鳄和许多温顺而好客的鸟类。

佛罗里达州南部印第安人称这片沼泽地为"绿草如茵的水域"。这里大部分属地势低洼平坦的水涝地，辽阔的莎草丛可高达 4 米。稠密的亚热带森林和柏树丛生的沼泽，使人感到仿佛有恐龙隐伏在神秘的丛林深处。无数茂密的红树丛生长在大沼泽地附近的万岛群岛上，好似红树林迷宫，其根部成了无数海洋生物的栖息地。大赛普里斯沼泽地水汽濛濛，光秃秃的柏树林中生长着许多蛇和短吻鳄，非常罕有的佛罗里达豹也在这里隐居。在这里生活的芸芸生物中，体型最大的是短吻鳄和其他鳄鱼，大沼泽地稀有的美洲豹和水獭，以及黑熊、白尾鹿也在佛罗里达州这片温湿多雨的荒野深处得以生存。自 1947 年起，这里部分地区已被划为国家公园。

整个大沼泽长约 160 千米，宽约 80 千米，其中央是一条浅水河，河上有无数低洼小岛，或所谓硬木群落，星罗棋布。这条河发源自奥基乔比湖，湖水深不及膝，但面积却有 1965 平方千米。每年 6～10 月雨季高峰时，一天的降雨量可多达 300 毫米，湖水溢出堰堤，注入河中。还有泉水和溪流令水位上涨。

硬木群落里长满了各种树木，包括常绿的橡树、桃花心木和裂榄（松树的一种）等。裂榄的树皮呈红色，会剥落，像太阳灼晒过的皮肤一样，因而享有“游客树”的绰号。每当莎草被淹没在洪水中或河水因干旱而干涸时，这些小岛就成了动物的避难所。不管是 16 世纪的西班

大沼泽地国家公园景观

牙探险家，还是早期到美国定居的人都不敢冒险涉足这片大沼泽地。那里的印第安人在隆起的平地上盖房居住，以采猎为生，也在硬木群落里种植果菜。

莎草草原生机勃发。在莎草丛生处可以看到青蛙。在另一边，裂开似的荚果里是成群的蚱蜢。每逢夏天，热带斑纹蝴蝶便经常在这个硬木群落出没。水中生长着许多种鱼、蝌蚪及蜗牛等软体动物。大沼泽地含有大量水生物，是世界上一个鸟类圣地。19 世纪 80 年代，随着更多拓荒者涌入，成千上万只鸟儿被杀。1905 年，当局通过了一项法律以保护这一带被禁猎的鸟雀。现在有超过 350 种鸟雀在此栖息或经常到访，包括箆鹭、苍鹭、白鹭、白鹤及蛇鸟。潜伏的鳄鱼长达 5 米，在干旱的季节，它们用头和尾巴猛烈拍击泥沼，为自己挖出水坑，同时也为其他干渴的动物提供了活命的水源。生性温和的海牛以水底植物为食粮。一头海牛每天要吃多达 90 千克食物，每隔一段时间便要回至水面呼吸空气。

然而，海岸附近繁忙的水上交通导致许多海牛死亡，更多的则被机动船的螺旋桨弄至伤痕累累，目前佛罗里达州仅剩下约 1000 头海牛，保护海牛的计划正在进行中。遭受文明伤害的不仅仅是海牛。20 世纪早期拓荒者发现死去的莎草层是很好的肥料，于是开始排水、灌溉。现在约 1/4 的大沼泽地成了农田。运河改变和控制了水流。这一切破坏了水和野生动物之间的平衡，但形势正在转变，曾被农业污染的奥基乔比湖正在进行净化工作。

建国以来，所有的有关公园管理的知识和技术都应用于国家公园，每年 1300 万美元的财政预算、230 名全日制永久员工、美国国家公园中最大的科学家群体以及美国国内和国际上的赞助，使这个国家公园无论是相对于国内其他重要的保护地，还是相对于世界其他国家的保护地，都拥有着更加优越的条件。尽管如此，这个公园还是正在逐渐地衰亡。目前，公园内鸟类数量减少 93%、14 种鸟类濒临灭绝，外来物种的入侵、鱼类及其汞中毒等都严重威胁着这个公园的生存。受湿地生态环境改变的影响，佛罗里达湾已经由原来的物产丰富的河口，变成了现在的"海藻汤"。据介绍，海藻的数量由 1945 年少于 50 万剧增到目前的 600 万之多！然而，这种趋势没有被遏止，反而愈演愈烈。据推算，南佛罗里达的人口数量在未来的 20 年中将要翻一番，这将可能导致公园的生物灭绝。

1993 年 12 月大沼泽地国家公园被列入濒危的世界遗产名录中，以便提醒人们对湿地环境所遭遇的种种威胁予以更加密切的关注，使这一脆弱的生态系统得以保存。湿地的保护不仅仅是环境或是世界遗产的保护，它同时还是对当地主要淡水资源的保护、还是健康的海洋和河口环境的关键所在。公园还是以环境旅游业为生的当地人们的衣食来源。因而对公园的保护不仅具有科学上的意义，还具有经济意义。

2007 年 6 月 26 日第 31 届世界遗产大会针对世界遗产的保护问题进行了讨论，特别对入列"濒危"世界遗产名单的遗产进行了审议并宣布：鉴于保护工作卓有成效，将美国大沼泽地国家公园从"濒危"世界遗产名单上去除。

卡尔斯巴德洞窟国家公园（美国）

卡尔斯巴德洞窟国家公园位于美国西部的新墨西哥州佩科斯河西岸的吉娃娃森林内部。1930年5月14日建成，面积189平方千米，建立这个公园是为了保护卡尔斯巴德洞穴以及其他大量的二叠纪时期的化石。公园包括83个独立的洞穴。

这是一个神奇的洞穴世界，它以美丽而丰富多样的矿物质著称。特别是龙舌兰洞穴，构成了一个地下的实验室，在这里可以研究地质变迁的真实过程。卡尔斯巴德洞穴形成于2.8亿年前至2.25亿年前的二叠纪。雨水渗入瓜达卢佩山石灰岩山体的裂缝，溶解了松软的岩石，刻凿出隧洞和洞穴，留下的矿物质形成了各种造型。洞穴中的钟乳石千姿百态，每一处钟乳石都有形象的名字，如"恶魔之泉"、"国王宫殿"、"太阳神殿"等。另外，洞穴中还有岩帷幕和洞穴珍珠。最吸引人的是巨室洞穴，1200米长，188米宽，85米高。四壁的钟乳幔将其装点得犹如一座豪华的宫殿。

溶洞分为3层：瓜达卢佩山体内地上330米处一层，山体内地上250米处一层和地下200多米处一层。洞穴中的钟乳石，绚丽多姿，让人目不暇接。奇异的景色包括石炭帷幕和洞穴珍珠，前者精致无比，轻轻击打就会发出悦耳的鸣响。洞穴珍珠形成的起因是小沙粒外部裹上了一层流水溶解了的碳酸钙，小沙粒越来越大，形成了有光泽的石球，像一颗颗璀璨的珍珠。

被称为巨室的洞穴，有 1200 米长、188 米宽和 85 米高，四壁挂满了钟乳石幔，将其装点得像豪华的宫殿。洞内有一根巨大石柱，高18.6 米，直径约 6 米，尤为奇特。

　　今天，长 4.8 千米的小路迂回曲折，通过卡尔巴斯德最有名的溶洞，另外 32 千米长的通道和隧洞则少有人光顾。沿一系列"之"字形的线路从主走廊下降 253 米，可到达第一个，也是最深的一个洞穴，取名绿湖厅，以其位于洞中央的艳绿色水潭而得名。该洞穴布满精美的钟乳石，包括一处令人难忘的小瀑布，它与钟乳石相连形成一个圆柱，被贴切的称为"蒙上面纱的雕像"。"皇后厅"设有奇异的帷幕，那里的钟乳石相拥而长，形成一道光线能照透的石幕。"太阳寺"的滴水岩造型由黄色、粉色、和蓝色等有着柔和色彩的钟乳石组成。"忸怩的大象"

卡尔斯巴德巨穴

看起来像一头从背部到尾部的大象，著名的"老人岩"是一个巨大的钟乳石笋，孤独、雄伟地站立在其黑暗的壁龛中。"巨人行"中三个巨大的穹形石笋在站岗放哨，而"王宫"的天花板上撒下来一排令人眩目的钟乳石。

卡尔斯巴德洞窟除洞窟本身之外的另一壮观景象是黄昏时候，数百万只蝙蝠（另一资料说蝙蝠为100多万只）从其卡尔斯巴德洞口处的栖息地，阴冷黑暗的洞穴中振翼飞出，在黑暗中捕食昆虫，挡住了整个卡尔斯巴德洞口。尽管其数量众多，但绝不会碰撞，因其有一种复杂的超声波回声定位的能力。虽然看这一奇观的人能听到其振翼的飕飕声和吱吱的叫声，但蝙蝠发出的声音远远高于人能听到的声频。

1995年，联合国教科文组织将卡尔斯巴德洞窟国家公园作为自然遗产，列入《世界遗产名录》。

美国死谷国家公园（美国）

死谷国家公园主体位于美国加利福尼亚州东南部，一小角延伸入内华达州境内。公园位置处于北美的盆地与山脉区，这段地区地壳活动频繁，东面的地壳向东伸展、西面的地壳向西伸展，这里的地壳便呈条状下沉，分解成大致为南北走向的地垒（山脉）和地堑（盆地）。

风景奇特且见证了美国西进拓荒历史的死谷，在 1933 年由胡佛总统亲自下令定为国家纪念史迹。1994 年国会通过"加州沙漠保护法案"，将死谷正式设立为国家公园，占地也由 13 万余平方米扩展到约 20 万平方米，成为美国本土 48 州中面积最大的国家公园。

盆地和山脉区在死谷这里特别显著，在相距不到 140 千米的地方，坐落着海拔 4418 米的惠特尼山和低于海拔 86 米的死谷，分别是美国本土 48 个州的最高点（死谷最高点）和最低点，而这个最低点也是西半球海拔最低的地点。

根据园方的统计资料显示，死谷年平均温度是约 32℃，从 5 月开始到 9 月，平均气温可达到 38℃ 以上。但同样的温度在死谷感觉上要热得多，因为高温在低于海平面的狭长谷地热辐射无法发散。而年均降雨量也仅有 5.76 厘米。恶劣气候使得这里只有深秋至初春适于旅游。

1849 年加州发现黄金，掀起疯狂的淘金热潮，他们以盐湖城作为整补的基地，翻山越沙漠进入加州。在 1949 年 10 月有一批拓荒者错过了时机，又不愿呆在盐湖城等到春天，决定穿越沙漠，抄捷径往西走。

但是这批人错估沙漠的面积与严酷的气候，有些人因而葬送了宝贵的生命，这也是死谷名字的由来。南北走向的死谷，东边是海拔1829多米的阿玛钩纱山脉，西边是海拔3353多米的帕娜敏山脉。

一场骤雨可以将死谷的干涸盐田转换成万顷湖波，而干旱气候也可以将万顷湖波转瞬间蒸发殆尽。公园里有盐碱地、沙丘、火山口、峡谷、雪山等，有丰富的地质地貌，游客不难找到地壳里各式各样的断层、峡谷往荒漠注入时形成的大大小小的冲积扇平原等。

死谷国家公园一角

据科学家的研究显示，北美大陆曾经横跨地球的赤道线，而死谷国家公园正位于赤道上。这是地质学家推算出57亿年前寒武纪时代美洲的大致方位。死谷中最令人惊艳的，还是山巅谷底寸草不生、脉络分明的岩石上所记载着的十多亿年来的地球发展史。由原生代到古生代到中生代到新生代；由火成岩到沉积岩到变质岩。死谷仍然在进行中的造山活动，将不同时代的岩石断层揭露在阳光下，向人们诉说着过往的历程。

奥林匹克国家公园（美国）

奥林匹克国家公园坐落在华盛顿州西北部的奥林匹克半岛上，1946年正式开放，面积3628.54平方千米，是著名的温带雨林生态环境保护区。

奥林匹克国家公园景观

整个温带雨林以杉、槭两科树种为主。走进森林，只见一株株加利福尼亚铁杉、美国西川云杉和西部侧柏苍翠挺拔，高大的树干覆盖着地衣，树枝上悬挂着石松。在针叶树之间的空隙里生长着棵棵槭树。林下，蕨类和苔藓植物被覆着枯枝落叶，就连横躺在地上的倒木也被苔藓裹得严严实实，整个地面仿佛铺了一层绿色的地毯。

奥林匹克山脉西坡独特的温带雨林的形成是与奥林匹克山脉的地理位置密切相关的。从太平洋上吹来的温暖而湿润的西南风，遇到高山阻挡后形成降雨。这一地区每年平均有 2000～3000 毫米的降水量。潮湿多雨的地理环境使山地两坡的森林以喜湿的杉科树种为主，林内植被的垂直层次较多，尤其是潮湿环境下大量生长的地衣、苔藓和蕨类植物，更使森林内部显得十分茂密，因此以"温带雨林"命名。

公园的东部有冰川覆盖的山峰，点缀着斑斓野花的草原，湍急的溪涧和晶莹如玉的湖泊。公园山高、湖多的特点，赋予了它美丽极致的景色。从山顶放眼张望，只见群山峰涌，大湖泊就像一面面硕大的镜子，倒映着蓝天白云；小湖泊仿佛一颗颗珍珠，散落在山间的角落，银光闪闪。更有那数十条冰川，似巨蟒蜷伏于山谷中，在阳光的照耀下发出莹莹蓝光，与漫山遍野的绿色交相辉映。为了保存峭壁、岛屿、海湾的原始粗犷之美，当地政府把太平洋沿岸约 80 千米内的海域划归公园。这里水天相接，浪花拍岸，雾霭迷蒙。海滩上还往往留有海豹、黑熊活动的痕迹。

浪漫的黄金海滩是公园里景色最吸引人的地方。落日余晖透过树林投下斑驳的身影，波光粼粼的金黄海面上，不时现出潮水带来的海星、海胆与远处因退潮而露出的水下岛屿。

山顶落雪，到山腰则成为降雨，于是，从顶峰到山脚，春夏秋冬就以这样一种奇特的方式，凝固在奥林匹克国家公园这幅四季图里。

雷尼尔山国家公园 （美国）

雷尼尔山国家公园是一座以雷尼尔山为中心的公园，位于华盛顿西部，西雅图南面，1889 年为保护雷尼尔山自然景色而建立了这座国家公园。它是美国第五座国家公园。公园面积为 954 平方千米，包括了雷尼尔山全境——一座 4392 米高的层状火山。这座山从周遭的平地中陡

雷尼尔山国家公园景观

然升起，使得园区海拔分布从 490 米到 4300 余米。园区的 95％是保存在原始状态，自 1988 年即被认定。最高点在死火山雷尼尔山，周遭满是峡谷、瀑布、冰穴以及冰河。休眠的火山常常笼罩在云里，每年为峰顶带来数量庞大的雨水与雪花，并且让周末许多前来观赏的游客无法看到神秘面纱后的峰顶。公园内有景色优美的高山草原、湖泊、瀑布和温泉，多花卉和野生动物，包含了古代森林与亚高山带草原等特色，是西北太平洋区的景致。

雷尼尔山是美国最高的火山，拥有除了阿拉斯加以外最大的单一冰河以及最大的冰河系统。由于太平洋吹来的东风湿度较高，地球上有史以来全年最大的降雪量就出现在这里。同时此山也是美国登山队的主要训练场所。

雷尼尔山是世界上最雄伟的山岭之一，从山顶向四周望去，可以看到 1500 米以下的景色全被隐没在雾海之中，只有较高的山峰探出一角，仿佛海中的浮岛。山顶终年被冰雪覆盖，有 27 道冰河向四周喷射而出。另外，在山腹的草原地带，每到七八月间，冰雪融化，花开满山，成了一片美丽的花海。

山麓下是一大片茂密的原始森林，湖泊、瀑布错落其间。位于东面山坡的埃蒙斯冰川是美国最大的冰川。冰川夏季消融的雪水，汇成湍急的溪流和倾泻的瀑布，水流声响彻山谷。

公园里的"天堂"及"日出"两处景点极受人们的珍视和保护。"天堂"位于雷尼尔山西南方，地势极高。这里除了有美丽的山景外还有潺潺的流水和清澈的瀑布和湖泊，在"天堂"的北边还有著名的天堂河。位于雷尼尔山北部的"日出"是雷尼尔山国家公园内海拔最高的景点，在这里不但可以欣赏到冰河的壮丽奇景，还可以眺望公园内秀丽的贝克山以及太平洋。

雷尼尔山国家公园，不仅是华盛顿州的地标，许多器物皆以此山为图案，它还带着神秘的色彩，颇具神圣的味道。

班夫国家公园（加拿大）

　　班夫国家公园建于 1885 年，面积 6666 平方千米，是加拿大历史最悠久的国家公园，也是避暑胜地。它坐落于落基山脉北段，距加拿大阿尔伯塔省卡尔加里以西约 110 千米至 180 千米处。公园共占地 6641 平方千米，遍布冰川、冰原、松林和高山。冰原公路从路易斯湖开始，一直连接到北部的贾斯珀国家公园。西面是省级森林和幽鹤国家公园，南面与库特尼国家公园毗邻，卡纳纳斯基镇位于其东南方。公园内主要的商业区为弓河山谷的班夫镇。

班夫国家公园景观

班夫国家公园内有一系列冰峰、冰河、冰原、冰川湖和高山草原、温泉等景观，奇峰秀水，居北美大陆之冠。公园中部的路易斯湖，风景尤佳，湖水随光线深浅，由蓝变绿，漫湖碧透，故又称翡翠湖。沿落基山脉，有多处这类冰川湖泊，它们犹如一串串珍珠，把静静的群山点缀得生气勃勃。

　　班夫国家公园拥有数量众多的大型冰川和冰原，其中有不少可以通过冰原公路到达。主山常见的是小型冰斗冰川，位于很多山脉的阴面。作为世界上主要的高山冰川之一，班夫的冰川在逐渐消融。照片表明这种趋势越来越惊人，冰河学家已经开始在公园里更彻底全面地研究冰川，并分析冰川的减少将对溪流和江河的水源造成影响。受到冰河作用最大的地区包括瓦普堤克冰原和瓦普塔冰原，它们都位于班夫和幽鹤国家公园边界。瓦普塔冰原大约覆盖了 80 平方千米的土地。瓦普塔冰原在大陆分水岭班夫这一侧的部分包括沛托冰原、弓湖冰原和瓦尔彻冰原等。沛托冰原从 1880 年以来消融了大约 2000 米，并且面临着在未来的 30 年到 40 年内完全消失的危险。弓湖冰原在 1850 年到 1953 年之间消融了大约 1100 米，并且有增加的趋势，在冰川的末端形成了一个新的湖。从冰原公路还可以看到鸦爪冰川和赫克托冰川，它们是独立的冰川，没有和其他主要的冰川关联在一起。

　　哥伦比亚冰原帕克山脊滑雪场位于班夫国家公园的最北端，跨越班夫和贾斯珀国家公园的边界，并延伸到不列颠哥伦比亚。哥伦比亚冰原的斯诺多姆是北美洲水文最高点，水从这里开始，沿着哥伦比亚河流入太平洋，沿着阿萨巴斯卡河流入北冰洋，汇集到哈德逊湾并通过北萨斯喀彻温河最终流入大西洋。

　　班夫国家公园有 3 个生态区域，包括山区、亚高山带和高山。亚高山带生态区由很多茂密的森林组成，占班夫国家公园面积的 53%。公园 27% 的区域位于林木线之上，属于高山生态区。班夫国家公园的林木线的位置大约是 2300 米，上面是高山生态区空旷的牧场，其中部分地区被冰河所覆盖。公园的很小一部分（3%）位于低海拔地区，属于

山区生态区域。该地区绝大部分树木为黑松，英国针枞、柳树、杨树散布其中，还有少数的花旗松和枫木。英国针枞在亚高山带生态区更为常见，黑松和亚高山松也分布在一些地区。

班夫国家公园共有56种哺乳动物。灰熊和美洲黑熊栖息于森林地区。美洲狮、猞猁、貂熊、鼬、北美水獭和狼是主要的肉食性动物。麋、长耳鹿和白尾鹿在公园的山谷中很常见，甚至在班夫镇也可以见到。驼鹿相比之下较少见，主要生活在沼泽地和溪流附近。在高山生态区，雪羊、大角羊、土拨鼠和鼠兔分布广泛。其他哺乳动物，如河狸、豪猪、松鼠和花栗鼠是常见的小型动物。2005年，一共发现了5只驯鹿，使之成为公园里数量最稀少的哺乳动物之一。由于冬季天气寒冷，班夫国家公园的爬行动物和两栖动物较少，目前只发现1种蟾蜍、3种蛙、1种蜥蜴和2种蛇。班夫国家公园至少有280种鸟，包括白头海雕、金雕、红尾鵟、鹗和隼，这些都是食肉性鸟类。另外，在低海拔地区常见的物种还包括灰噪鸦、美洲三趾啄木鸟、山蓝鸲、北美星鸦、北美白眉山雀和云雀。白尾雷鸟则生活在高山生态区。河流和湖泊附近生活着超过100种不同的动物，包括潜鸟、鹭鸶和野鸭，它们在公园里度过夏天。班夫国家公园的濒危物种包括班夫温泉蜗牛。北美驯鹿和灰熊也被列入近危物种。

公园建有现代化旅馆、汽车旅馆和林中野营地。高山还架设有悬空索道，从山下一直通向山顶。峰顶建有楼阁和观望台，游人可凭栏远眺周围景色。路易斯湖畔的古堡酒店，独占湖光山色之美，更兼古色古香的外形设计和富丽堂皇的内部陈设，吸引游客争相下榻和光临。班夫镇上开辟有艺术中心和博物馆，每年入夏，有众多印第安人在这里搭起帐篷和舞台，穿上民族服装，向游客表演富有特色的民族歌舞。公园入口处附近，有一座华人岭，据说是19世纪大批华人在北美洲修铁路时居住这里而得名。铁路和横贯加拿大的公路均穿越公园境内。

艾伯塔省恐龙公园（加拿大）

艾伯塔省恐龙公园在加拿大艾伯塔省西南角红鹿河一带，这座公园地形十分奇特，荒原奇形怪状，形成石柱、山峰和重重叠叠的彩色岩层。有许多极为重要的"爬行动物时代"的化石。特别是其中有60多个可以追溯到7500万年前的恐龙化石。

7500万年以前，现在的东艾伯塔地区是大片浅海边的低洼沿海平原，属于亚热带气候，和现在的北佛罗里达相近。无数动物正处于全盛

艾伯塔省恐龙公园景观

时期，包括鱼类、两栖动物、爬行动物原始哺乳动物鸟类和恐龙。艾伯塔荒原的中心地带是迄今为止地球上发现的白垩纪晚期恐龙化石的最大集中地。自从 19 世纪 80 年代那里的挖掘工作开始以来，人们已经获得300 多架高质量的恐龙骨骼，这些恐龙骨骼代表大约 60 种不同种类的恐龙。著名的古生物学家斯顿伯格博士把这些恐龙化石复制成原形，将其中有代表性的 4 具标本留在公园中陈列，其他大部分骨骼藏品搬到公园西北的皇家泰利尔古生物博物馆安家落户。

博物馆以第一个在这里发现"艾伯塔龙"的古生物学家 J. B. 泰利尔命名。这里陈列着很完整的"艾伯塔龙"，这是一种肉食性的霸王龙，眼睛长在头骨较高的部位。陈列的还有头甲龙、角龙、鸭嘴龙等恐龙。博物馆还设有一个高大的温室，里面种植着不少与恐龙同时期的古老植物，有些还是恐龙的食物，如树蕨、苏铁、罗汉松以及一些寄生的有花植物。现在，这座恐龙公园尽量保持着原始的自然状态。这里还成了种类繁多的鸟类栖息所。冬天有叉角羚羊和白尾鹿等珍稀动物来此繁衍生息，这又为恐龙公园增添了新的生机。

当一些动物死去时，它们的骨骼被层层泥沙掩埋。随着时间的推移，挤压在一起的骨骼泥沙结合体和矿物沉积，加之缺少氧气，形成了化石。直到 13000 年前的冰川时代末期，冰川擦损上层岩石，大量融化的冰水纵深冲入软的沙石泥石地层，有关化石的沉积物则显露出来，与此同时也产生了红鹿河谷。

蒂卡尔国家公园（危地马拉）

危地马拉北部的蒂卡尔国家公园是一座浮现在原始森林中的玛雅文明最早、也是最大的神殿遗迹。蒂卡尔意思为"能听到圣灵之声的地方"。1979 年，联合国教科文组织将其作为人类文化遗产，列入《世界遗产名录》。

遗迹中最大的杰作是 5 个巨大的金字塔神殿。站在 64 米高的 4 号神殿的顶端，鸟瞰四周的原始森林，有似身在摩天楼的感觉。远听野鸟孤鸣，令人毛骨悚然。这座巨大的玛雅城市在 900 年前谜一般的崩溃了。据碳素年代测定法，玛雅文明的鼎盛时期约在公元 4～6 世纪。处于玛雅领土北部低地的蒂卡尔可能是玛雅文明顶峰期最大的集居地。

蒂卡尔国家公园坐落在危地马拉东北部的热带丛林深处，它是迄今人们了解最多、规模最大的玛雅古城之一。然而这座古城只是在最近 25 年才被发掘者揭开了面纱，整个古城的规模现在已大致清楚。发掘出的 3000 余座建筑，从已填平的陋室到巨大的金字塔庙宇，为考古学提供了充足证据，表明这里是平原玛雅帝国的最大首都和玛雅文明的中心，反映了哥伦布发现新大陆之前玛雅文明最高的工艺水平和文化成就。蒂卡尔城最高的建筑是 6 座傲然耸立的金字塔，石灰石构筑的金字塔平台在莽莽森林中矗立而起，顶端各有一座小庙。最高的一座金字塔自底部至顶端高 70 米，是美洲印第安人修造的最高建筑物。蒂卡尔的庙宇宫殿皆环绕广场和庭院而建，建筑物前雕刻的石碑和祭台林立成行，并然有序。宽阔的石阶路自外部庙堂通向中心广场。城市用水由蓄藏量丰富的地下水库供应。蒂卡尔堪称建筑奇迹，尤其在缺乏车辆、滚轮和拖曳牲畜的条件下建造如此辉煌壮丽的都市，实在令人惊叹。

在蒂卡尔的中央有一个巨大的广场。广场的东西两侧建有金字塔庙，北面是古希腊式的卫城。离这些建筑再远些是一片占地约为 16 平方千米的房屋，大约可居住 1 万～4.5 万人。有迹象表明，曾有居民连续 11 个世纪住在那些古希腊式的卫城里。那 16 座仍然存在的庙宇矗立在埋葬着无数早期建筑遗迹的地方。这些早期建筑物包括一些精致的彩色墓穴。广场中央的典礼区域约占地 2.5 平方千米。

这里的建筑物与远处一些广场和相关的房屋由高于路面的通道互相连接。那里许多所谓的"宫殿"，只是一些抹有建筑泥灰并经过装饰的平房建筑群。像其他任何玛雅房屋一样，它们建在高于地面的平台上。位于中央，并居高临下的位置，增加这些宗教建筑物特有的、令人敬畏

蒂卡尔国家公园

的感觉；同时也有很实际的用途：可使大量参加宗教活动的人们一览无遗地看见正在高平台上举行的宗教仪式。

但是蒂卡尔的许多普通房屋也是建在泥土堆砌的平台上。这可能是为了防范在雨季发生的洪涝。

从石雕和山榄木精细的雕刻中，我们可以粗略地了解古巴雅统治者的一些情况和他们举行的宗教仪式。一些宫殿的横梁以及金字塔庙的走廊横木都使用这种精细雕刻的木材。在蒂卡尔，有6座很陡峭的金字塔，长长的电梯引向位于顶部的墓室。这些墓室都戴有颇为壮大的"顶冠"，其中最大的一个金字塔——简称为金字塔4号，高达70米。这些金字塔用作达官贵人的墓地，通常还有许多华丽的陪葬品和供他们在进入另一世界旅途中享用的食品。

宫殿和庙宇前的石碑上往往刻有最时尚的图案：一个将敌人踩在脚下的勇士或国王。用"城市"这词来描绘蒂卡尔可能不那么确切。事实上，它是一个很重要的，举行宗教仪式的中心。许多人选择这个宗教中心的外围作为他们的居住地，尽管绝大多数玛雅人根本不住在巨宅豪府，但他们却花费了大量的精力修建墓穴和庙宇。为了供奉诸神和达官的显赫，为了悼念亡者，他们建造了令我们当代人仍感到惊讶和敬畏的不朽纪念物。

在丛林的心脏地带，坐落着被繁茂的植被环绕着的玛雅文明的主要遗迹，这里自公元前6世纪到公元10世纪一直就有人居住。它举行仪式的中心包括了华丽而庄严的庙宇和宫殿，并逐渐成为一个公共广场。它保留下来的民居分散于周围的乡村之内。

巨大的建筑物内部空间狭小，光线暗淡，其原因可能是覆盖建筑物的挑头式拱顶窄小所致，也可能是玛雅人为保持他们庆典仪式的神秘性而故意为之。但是，考古学家们普遍认为：那些坐落生长1200米、宽800米的长方形地段内的建筑物仅仅作为行政管理和举仪式之用，所有居民（大约有50000人）都居住在环城而建的城郊居民区中。城内还有许多庙宇和圈围起来的球类游戏场，庙宇的过梁和由过梁构成的门楣上皆刻有反映玛雅国王登基盛况的浮雕，这一切都再次证实蒂卡尔在玛雅礼仪庆典方面具有重要的地位。蒂卡尔城于 1931 年被确定为国家级历史建筑，其周围也设立标志，被辟为国家公园。尽管蒂卡尔的植物生长繁茂，但同大多数郁闭乔林一样，生态环境仍然十分脆弱。这里的动植物品种繁富，其中最为珍贵的当属佩腾孔雀。

冰川国家公园（阿根廷）

阿根廷冰川国家公园坐落于阿根廷南部，这里纵贯南美大陆西部的安第斯山脉南段巴塔哥尼亚山脉东侧，属巴塔哥尼亚高原阿根廷圣克鲁斯省。冰川国家公园是一个奇特而美丽的自然风景区，有着崎岖高耸的山脉和许多冰湖。冰川公园所在的冰川湖名为阿根廷湖，湖的面积达1414平方千米，160多千米长。在湖的远端三条冰河汇合处，乳灰色的冰水倾泻而下，像小圆屋顶一样巨大的流冰带着雷鸣般的轰响冲入湖中。

阿根廷冰川国家公园由多山的湖区组成，它包括南安第斯山的一个被大雪覆盖的地区，以及许多发源于巴塔哥尼亚冰原的冰川。东部的安第斯山一般都有大量冰川。巴塔哥尼亚冰原幅员14000平方千米，是除南极洲外最大的冰雪覆盖区，它约占公园一半的面积，共有47个冰川，其中13个流向大西洋。公园内面积小于3平方千米的冰川大约有200个，它们都独立于大的冰原之外。冰川的活动主要集中于2个湖区，其实这2个湖区本身就是古代冰川活动的产物。1937年，根据阿根廷105433号令，这一地区首次被列为保护区。1945年4月28号，冰川国家公园破土动工。1971年10月11号，正式限定了目前冰川国家公园的范围。1981年，它被联合国教科文组织列为世界文化遗产。

阿根廷的冰川国家公园里的冰川的引人入胜，妙不可言，给人视觉和听觉的双重享受。巨墙般的巨冰，如同在山谷中扩展延伸，四周雾霭升腾，煞是壮观。冰川有 4 千米长，大约 46 米高。公园管理处提供了两条不同的观赏路径。一条路径是通过巨大的吊车把游客载到高达 300 米的高处，此时，巨大的冰川仿佛迫在眼前，一些冰山从你身边飘浮而过。冰川的前部陡峭得令人难以置信，冰川内部因承受巨大的压力而出现了许多的断裂。从远处望去，整个冰川呈现出深蓝色调。第二条路径朝向冰川前进的方向，从一条绝壁上过去，公园的服务机构在这一地区设置了几条人行道，以便可以领略到不同部分的壮美景观。人行道的更大好处在于，它使游人可以观测到冰川底部的风景，还可以尽可能的靠近冰川正面。

冰川令人称奇之处是它的变幻无穷。冰川平均每天大约要移动 30 厘米，这段距离听起来并不太远，连院子里的蜗牛走这段距离也要不了

冰川国家公园景观

多少时间。但是，观察 10 分钟以后，你就会听到一声巨响，接下来一块汽车大小的冰块就会落到海上；连续观察 1 个小时以后，很有可能会有一块房子大小的巨冰掉下来。冰山在融化之前，通常可以沿下游漂流好几千米。世界文化遗产中没有几个可以"动"的冰川，它们只是"存在"而已，但冰川国家公园却是一个例外。

阿根廷冰川国家公园的植被主要由两个界限明显的植被群组成：亚南极的巴塔哥尼亚森林和草原。森林中主要的物种包括南方的山毛榉树、南极洲假山毛榉、晚樱科植物、苯巴比妥、虎耳草科植物、酷栗属植物。巴塔哥尼亚草原由东而始，有一大片针茅草丛，其间散布着一些矮小的灌木丛。海拔 1000 米以上的半荒漠地区长有旱生植物垫子草，更高的西部区域则由冰雪覆盖的山麓和冰川组成。

这里还生活着不少稀有或濒临灭绝的动物，有分趾蹄鹿、水獭、矮鹿、羊驼、秃鹰等。喜欢群居的啮齿目动物南立大毛丝鼠是公园内特有的。公园内记载的鸟类达 100 多种，其中较为著名的品种有土卫五鸟、安第斯秃鹰、野鸭、黑脖雀等。除鸟类之外，还有其他的脊椎类动物生活在阿根廷冰川国家公园中。在哺乳动物中，有一群南安第斯的马形驼属动物居住在其他动物并不涉足的区域内。其他重要的脊椎动物有骆马、阿根廷灰狐狸、澳大利亚臭鼬等。

伊瓜苏国家公园（巴西与阿根廷）

　　伊瓜苏国家公园处于玄武岩地带，跨越阿根廷和巴西国界。

　　伊瓜苏河是阿根廷和巴西的界河，流经巴西南部巴拉那州和圣卡塔琳娜州，并形成巴西和阿根廷边界的一小部分。

　　1909 年和 1939 年，巴西和阿根廷两国分别在伊瓜苏河两岸建立了国家公园。阿根廷境内的伊瓜苏国家公园位于阿东北部的米奥内斯（又译为"米希奥内斯"）省，由面积 492 平方千米的国家公园和面积 63 平方千米的国家自然保护区组成。巴西境内的伊瓜苏国家公园位于巴拉那省，面积达 1700 平方千米，是巴西最大的森林保护区。

　　典型的亚热带湿润气候形成了伊瓜苏国家公园内特有的生态系统。公园内的植物种类非常丰富，是世界上不可多得的自然博物馆。其中最著名的是高达 40 米的巨型玫瑰红树。这种红树高大笔挺，在它的树荫下生长着珍稀树种——矮扇棕树。由于这种棕树的苞芽可以食用，故遭到人们的大肆采摘，现在该树种已濒临灭绝。在瀑布倾泻处的湿地上生长着珍稀的草科水生植物，松林、棕榈与翠竹间有红花生长着，秋海棠与青藤在一起生长，为林中点缀着明丽的色彩。这里还栖息着巨型水獭、短吻鳄和山鸭等濒危动物及南美洲特有的大型哺乳动物貘、蜜熊、美洲豹等。

　　伊瓜苏河发源于巴西境内大西洋沿海地带，全长 1320 千米，共有 30 条支流、70 条瀑布。它沿途汇集了大溪小流，穿过维多利亚山口，它浩浩荡荡，汹涌澎湃地流过巴拉那高原，以雷霆万钧之势向巴西和阿根廷交界的平原奔腾。之后突然受到阿古斯丁岛的阻滞，河道为之铺宽达3000米，形成一个水深仅1米左右的湖面，湖水流到绝壁时，飞泻成一大瀑布群。伊瓜苏河绕过急弯流到这里，宽度大增，滔滔河水下泻，声闻24千米外。盛夏雨季，每秒钟流过悬崖的水量，可以注满4个奥林匹克泳池。其中最高的联合瀑布直泻气势惊人的魔鬼咽喉谷，那原是一道断层裂缝经河水冲刷而成的深谷。河水经此转过2个90度大弯，流过湍滩注入巴拉那河。

瀑布群中主要以壮丽的伊瓜苏瀑布最为著名。气势恢宏的伊瓜苏瀑布是世界最壮观的瀑布之一，被誉为"南美第一奇观"和"世界上最大和最感人的瀑布"。

伊瓜苏国家公园景观

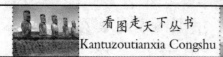
瀑布从悬崖上跌落而下,雷鸣般的轰声为其助威,在 25 千米的范围内都能听得见它的声音。阳光下的七色彩虹为其增色。其中有些瀑布径直插入 82 米深的大谷底,另一些被撞击成一系列较小的瀑布汇入河流。这些小瀑布被抗蚀能力很强的岩脊所击碎,腾起漫天的水雾,艳阳下闪烁着色彩不定的耀眼彩虹。

伊瓜苏瀑布的位置距伊瓜苏河与巴拉那河汇流点约 23 千米。伊瓜苏瀑布是南美洲最大的瀑布,也是世界五大名瀑之一。它呈弧形,平均落差 72 米,共有 275 股大大小小的瀑布,组合成三大瀑布群,平均每秒流量 1750 多立方米,夏季流量每秒钟达 58000 立方米。位于中部的瀑布群最高、最壮观,名叫"鬼喉瀑",因该瀑布在泻入深渊时发出的轰鸣声加上深渊内震耳欲聋的回声令人惊心动魄,故得此名。北翼的瀑布群在巴西境内,是两层平台组成的大小瀑。南翼的瀑布群则在阿根廷境内,是两组双层的瀑布群。汛期时,三大瀑布群连成一道垂挂于峭壁之上的天幕,水天一色。当阳光照射到水雾上时,四周就会映现出一条条五彩缤纷的彩虹,景色极其壮观。伊瓜苏瀑布地处热带季风气候区,每年 11 月到次年 3 月为雨季,这时伊瓜苏河水位猛涨,每秒平均达 1 万多立方米的巨大水量覆盖崖壁,共同汇成一道半圆形水幕,狂泻而下,其声势之浩大,如万马奔腾。伊瓜苏瀑布直泻谷底,水声如雷,溅起的水花高达 90 多米。水花溅起在巴拉那高原上,映出美丽的彩虹。

伊瓜苏瀑布中最高的是联合瀑布,高 85 米,宽 4 千米。其高度相当于北美尼亚加拉瀑布的一半,宽度则大 3 倍。直泻峡谷激起的水花比瀑布顶端还高,日光穿透一帘水雾,幻化成数十道彩虹,与水花流霞共舞。滚滚河水坠落新月形悬崖时,受凸出的岩石阻挡,分成大约 275 道瀑布,有些直冲谷底,有些冲击在岩阶上分级泻下,瑞士植物学家乔达形容这是"海洋注入深渊"。

1541 年,西班牙探险家德维卡来到这里,他是最早发现这条瀑布的欧洲人。德维卡并不觉得伊瓜苏瀑布特别壮观,只形容为"可观",

他描绘伊瓜苏瀑布，说它"溅起的水花比瀑布高，高出不止掷矛两次之遥"。耶稣会教士继西班牙人来此传扬基督教，建立传教机构。其后，奴隶贩子来此掳掠瓜拉尼人，并把他们卖到葡萄牙和西班牙种植园去。耶稣会教士于是留下保护瓜拉尼人。西班牙王查理三世竟然听信了庄园主的谗言，1767年把该会教士逐出南美洲。在阿根廷波萨达斯附近，仍保留着一座耶稣会的古建筑，称为圣伊格纳西奥米尼，建于1696年，是观赏瀑布的旅游中心。

两个国家伊瓜苏瀑布风光的不同之处在于：巴西的部分更壮观，但阿根廷部分更适合探险。要一睹大瀑布的壮丽景观，最好还是两边都要走走。虽然巴西部分离瀑布水流较远，但更适合对宽阔的瀑布群做一个概貌的浏览，顺着巴西这一侧的羊肠小道或是坐直升机都能看到更近处的景观。阿根廷这一侧，可以看到大瀑布最雄伟的景观——咆哮的魔鬼的咽喉。100米的落差内14条瀑布一起汇集力量，垂直撞击在底下的水面上，你还可以看到巨大的彩虹摇摆在瀑布上空。

从巴西一侧越过边境到达阿根廷，并不需要任何手续。阿根廷的咨询中心可以给游客提供更多关于瀑布以及周围动植物群落的有效信息，而这种服务目前在巴西是没有的。有许多羊肠小道可供游客观赏瀑布，其中就有一条1988年修成的山间小径，顺着这条小径游客能到达鬼门关峡谷上方，从那里可以看着气势宏大的水流往下垂直冲击。

在一些瀑布飞溅的浪花下有某些区域是可以游泳的，但有所顾忌的是不时出现的真皮寄生虫一直是个威胁。游客们也可以顺着小路或者阶梯走到河下游来，下游有渡船可以带着游客参观圣马丁岛，该小岛靠近其中一条瀑布。但是若再想往上攀登回到原处可就不是一件容易的事情了，只有身体特别强壮的人才敢一试。

瀑布后的岩架长满颇像地衣的水生植物。峡谷两旁是又热又湿的雨林，林中长细丝状的蕨类植物、竹子以及棕榈、松树等乔木，像巨大的绿披肩，遮掩着阶状岩架。苔藓、开喇叭花的藤本植物和凤梨科植物与树木互相映衬。颜色瑰丽的金刚鹦鹉和数百种蝴蝶在绿荫下飞舞，跟野生兰花争艳。

悬猴的吱吱乱叫，鸟雀的喧闹争鸣，加上黑吼猴的响亮吼声这一切声响交织成一片聒噪的天籁。密林深处，美洲虎在寻找猎物。虎猫天性谨慎，喜欢独来独往。最常见的哺乳动物是如兔子般大小的刺鼠与两种野猫般大小的动物——兔豚鼠和南美长尾浣熊。

成千上万的雨燕在水面盘旋俯冲，追逐昆虫。这些雨燕，整天都在伊瓜苏瀑布上盘旋低飞，不时穿过水幕，飞到瀑布后的岩壁上歇息。这种深褐色的敏捷小东西约长 18 厘米，夏季产卵，在瀑布后的岩壁上筑巢，孵卵约需 3 周。雏鸟孵出之后，要等到 5 至 8 周（视食物多寡而定）才能飞越水幕。雨燕养育幼雏，非常忙碌，要在飞行之中捕捉昆虫，含在喙里，再用唾液黏成团状，带回去喂养雏鸟。

1984 年和 1986 年，阿根廷伊瓜苏国家公园和巴西伊瓜苏国家公园先后被联合国教科文组织作为自然遗产，列入《世界遗产名录》。

达连国家公园（巴拿马）

　　达连国家公园坐落在巴拿马东部边境达连省与哥伦比亚交界处炎热潮湿的热带雨林区，面积达 5570 平方千米，海拔高度介于海平面与 1875 米之间。

　　公园的地理位置堪称世上绝无仅有的，主要是因为公园成为沟通中美洲与南美洲之间的陆地桥。公园的东部基本上是火山地带，其上覆盖着新生代的沉积岩。公园的主要地貌特征是东北至东南方向的地槽，其周围环绕着抬升的褶皱和高高耸立的山脉。来自太平洋的潮汐作用，影响着内陆河流如丘库纳克河和图伊拉河，其影响程度可达数千千米。

　　在靠近大西洋这一侧，年均降水量范围在 2500 毫米与 3500 毫米之间，而公园的中部地区及接近于太平洋的地区，年均降水量变化范围则是 1800 毫米至 2500 毫米之间。

　　达连国家公园自然环境千姿百态：砂质的海滩，岩石林立的海滨，红树林，淡水沼泽地，棕榈阔叶森林沼泽地带，低地和高地地区的潮湿热带雨林应有尽有。科学家认为达连森林是热带美洲地区生态系统最富有多元化特征的，而且迄今为止几乎未受到任何外界的干扰。

　　达连的丛林是美洲热带地区类型最多的丛林，热带雨林占主要地位。植物类型众多，树木参天耸立，平均高度达 40 米。这里的气候舒适宜人，十分适合动植物生长。密度为每公顷 30 株到 180 株。一种名为库依波的巨树格外引人注目，在巴拿马及哥伦比亚北部地区都极为罕见。崩塌的泥石及与之密切相连的峡谷都造成了植物群落的连续性。山前和山区的森林出现于 200 米以上的地区，其中有几种在植物学上被津津乐道的生态系统类型，其中包括云杉。

达连国家公园内茂密树丛

达连国家公园里生活着大量的野生动物，园内的许多动物在世界上堪称罕见。特别是一些濒临灭绝的野生动物，如美洲豹、红猴、貘、中美洲凯门鳄、美洲鳄、水豚等栖息在这里。其他动物有灌木狗、大型食蚁动物、美洲虎、虎猫、夜猴、嚎猴、头部呈褐色的蜘蛛猴等。

托雷德裴恩国家公园（智利）

托雷德裴恩国家公园位于智力西南部的巴塔哥尼亚高原上，这是阿根廷南部和智利间的一个高原，从奥科罗拉多一直延伸到麦哲伦海峡，从安第斯山脉一直延伸到大西洋。托雷德裴恩占地面积 2421 平方千米，于 1959 年被定为国家公园，1978 年被联合国教科文组织划为生物圈保护区。

托雷德裴恩国家公园里汇集了冰川、湖泊、河流、森林和瀑布，大

托雷德裴恩国家公园景观

自然的赏赐都在这里。但是因为地方偏僻，天气多变，有机会欣赏它的人并不多。也正因为这样，托雷德裴恩数百种野生动物就有了自由快乐的生活的机会。如果你在山间远足，很有可能会碰到这里特有的驼马，它们丝毫不怕人，即使近到离它们只有咫尺之遥，几乎能感觉到它们的呼吸的程度，它们也不走开。

只有经历过寒冷和大风的考验，这世界上最神奇的地方、人类能够想象得到的最美丽美景，才对想样近它的人们开放。在距离智利首都圣地亚哥大约 2500 千米的巴塔哥尼亚高原上，曾经居住着印第安的一个民族——德卫尔彻人。西班牙人入侵后，德卫尔彻整个民族都灭绝了。一个民族可以被灭绝，但是他们留下的文化却会长久地存在。今天巴塔哥尼亚高原上的托雷德裴恩国家公园名字中的"裴恩"一词就是德卫尔彻人的语言，意思是"蓝色"。

只有世世代代生于斯长于斯的当地原著民才可以找到这么简单而确切的一个词来概括这里所有的一切景物。因为曾经有大量的冰川，托雷德裴恩有大大小小数不清的湖泊、河流和泻湖。也许是因为水中一种海藻的作用，这里的湖泊都呈现出一种异样的蓝色，尤其是最美丽的拉哥裴赫湖。这种蓝色好像不属于自然界，世上再难找出和它一样蓝的东西，倒像是上帝专门为高山上的这面湖水另外创造了一种蓝色似的。

包围着拉哥裴赫湖的柯尔诺德裴恩和托雷德裴恩两座雪山对当地人来说不仅仅是普通的山峰。传说这里曾经住着一条邪恶的大毒蛇，它制造了一场大洪水想要灭绝居住在托雷德裴恩的部落，洪水退去后，毒蛇偷去了部落内最强壮的两名勇士的尸体，把他们变成了石头，当地人相信，柯尔诺德裴恩山的两座并列的山峰就是那两位勇士变的。他们不仅守护着臂弯里的那奇异的蓝色湖泊，也守护着生活在托雷德裴恩的人们。

托雷德裴恩国家公园气候多变，寒冷多风，1月至5月平均气温12℃。

国家公园内有 40 多种哺乳动物（包括美洲狮）以及大约 105 种鸟类（包括火烈鸟和秃鹫）。

拉帕努伊国家公园（*智利*）

　　拉帕努伊是当地人对复活节岛的称呼，表现了一种独特的文化现象。拉帕努伊岛位于东南太平洋上，在南纬 27 度和西经 109 度交汇点附近，面积约 117 平方千米，现属智利共和国的瓦尔帕莱索地区。它离南美大陆智利约 3000 千米，离太平洋上其他岛屿距离也很远，所以它是东南太平洋上一个孤零零的小岛。复活节岛是世界上最与世隔绝的岛屿之一，离其最近有人定居的皮特开恩群岛也有约 1038 万千米的距离。该岛形状近似一个三角形，由三座火山组成。

　　波利尼西亚人约在公元 300 年时在那里建立了一个社会，他们不受外部影响，创建了极大且富有想象力的、独特的巨型雕刻和建筑。从 10 世纪到 16 世纪期间，这个社会建筑了神殿并树立起了巨大的石像，称为"莫埃"，它们至今仍是一道无与伦比的文化风景，使整个世界为之着迷。

　　挪威考古学者兼人类学者海约达赫尔对复海活节岛进行了广泛深入的研究。他用西印度轻木做成木筏，用芦苇做船，在海上成功地行驶。这一事实足以证明了古代人类（按推算是原始人），完全能够用这种船进行远距离间的接触与交往。

　　目前已发现印加社会前期，玻利维亚境内的喀喀湖附近的蒂瓦那河与复活节岛之间曾有过联络。另外该岛与秘鲁也似曾有过联系。据说西班牙征服者在秘鲁曾耳闻有一个遥远的西方岛国存在的传说。最初的探险者们在复活节岛发现了芦苇，还有些蔬菜如马铃薯、丝兰等，这类植物原先都是生长在南美一带的。复活节岛上传说长着长耳朵的都来自东方，在他们之后，从西方又来了短耳朵的。这一传说提示了最早的定居者来自印加之前的拉丁美洲，随后而来的是波利尼西亚人，他们推翻了那些被宗教迷惑住了心窍的长耳朵人。

复活节岛上有些稀奇古怪、令人费解的现象，这充分说明了现实往往比小说更为离奇。它是个火山岛，形状略带三角形，独自静静地躺在太平洋中，离其他人类居住的地方有几千千米之遥。1722年当欧洲人在复活节那个星期天初次登上此岛时，首先见到的便是这些围绕着岛排成圆形的不计其数的巨大石雕，它们令人费解地凝望着远处的大海。岛上的人们友好地举着火把欢迎来访者们登陆。在火光映照下，船长罗杰芬与他的荷兰船员们发现这些岛民有三个人种：黑人、红种人和长着红发的白种人。他们中有些人在长得特大的耳垂上戴着圆盘般的耳环。这些人似乎特别敬畏巨大的雕像。他们很友好，只不过总想要把伸手可及的东西占为己有。

岛上几乎见不到妇女，而且人口中很大一部分似乎钻入地底下洞穴

复活节岛上巨大雕像

中去了。1770年一队西班牙探险者们从秘鲁出发来此岛上时，也曾有过类似发现。岛上的人仍很友好，土地也耕耘得很好。

然而事隔4年，当库柯船长到来时，情形截然不同了。原先既没有武器也没有战争的岛上，百无聊赖的人们，站在已经荒芜了的土地上，手持木棍与长矛，满怀敌意。那些巨大的石雕不再受人敬仰，被推翻在地。到了19世纪，这里成了奴隶贩子出没之处。直到复活节岛被侵犯、摧残，即将遭到毁灭的时候，西方世界才终于开始了对这里一切的研究，研究岛上的人以及他们的文化。

复活节岛上最神秘的还是那1000来个巨形石雕，当地人把它们叫"莫艾"。其中不少高约3.7米至4.6米，重约20.3吨，还有更大的，足有9.8米，重为91.5吨。这些雕像头部硕大，下巴向外突出，耳朵则往下伸得很长。有些石雕顶部有块红岩石，就像是戴了一顶"帽子"。另外，在一个石坑处还发现一些石雕的半成品。复活节岛上的巨大的石雕默默站立着，神秘地凝望着太平洋。

复活节北部的阿纳凯是全岛最富魅力的景点，除一排威武的"莫埃"石像外，一片金黄色的沙滩又长又宽；岸上的棕榈树林青翠茂密。攀上全岛最高点，海拔507米的特雷瓦卡山顶，极目远眺，岛上的大小火山和四周的石像尽收眼底，浩瀚的太平洋与蓝天浑然一体，令人心旷神怡。从山上下来不远便是著名的"七尊莫埃"景点。据传，它是一个毛利巫师的七个儿子等待欧图－玛图阿王到来的地方。"达海"是全岛保存最完好的"莫埃"石像群。每当傍晚，人们步行到这里观看日落，霞光映红半边天，巨大的石像衬托出永恒的剪影。

人们一直在思索，古代复活节岛上的人们究竟采取什么方法，才成功地搬动了这些如此笨重的大石雕呢？调查表明，石像重心偏低，所以只要15个人用绳子便能把其举起并迅速移动。有趣的是这些石像都没有腿，而更巧的是，复活节岛语言中有一个动词，其意思就是不用腿以缓步向前。关于石雕的制造与搬移已不再是个谜了。但是至今仍令人们百思而不得其解的是：石雕究竟代表什么？代表神灵，还是代表他们的祖先？它们又为何凝望着远方的大海？雕像对此却始终缄默不语。

岛上最大的传统节日莫过于一年一度的"鸟人节"。每年春天，全体岛民齐聚奥龙戈火山顶，选举自己的首领"鸟人"，祭拜自己的神明。"鸟人"出自岛上流传的一个神话：古时候，造物主玛科·玛科向岛上的祭司传授宗教仪式和祭神物品——海鸟蛋，并指定海上两个礁屿为取鸟蛋的地方。

复活节岛上的人热情好客，友善礼貌，每迎来宾都献上串串花环。男女青年能歌善舞，每逢节假日，男人颈套花环、裸露上身，女人头戴花饰、下穿羽裙，跳起优美的裙舞。这种舞蹈同夏威夷的草裙舞相似，是智利旅游活动的"保留节目"。

卡奈马国家公园 （委内瑞拉）

卡奈马国家公园位于委内瑞拉东南部的玻利瓦尔州。委内瑞拉的萨巴纳平原上，耸立着海拔 2600 米的台状高地。瀑布沿断崖飞流直下，各种珍稀植物在悬崖底部的石壁上盘根错节。1994 年，联合国教科文组织将卡奈马国家公园作为自然遗产。

卡奈马国家公园地处玻利瓦尔州东部高原，面积 3 万平方千米。海拔从 450 米到 2810 米起伏很大。公园 65％的土地由石板山覆盖，这些生物地质学的实体构成的石板山极具地质学价值。陡峭的悬崖和高达 1000 米的瀑布，构成了卡奈马国家公园的独特景观。这一带最古老的地层可以追溯到 17 亿年前的太古代。岩层表面常年受暴雨的冲刷和阳光的暴晒，只有一些特殊的植物才能在这里生存。岩层表面最初生长着地衣类植物，它们分泌的植物酸能把岩石的表面变松。以后出现的苔藓类植物，又把脆弱的岩面变成腐土，为其他植物的生长提供了条件。

卡奈马国家公园建立于 1962 年，最初占地面积为 1 万平方千米，于 1975 年增大到 3 万平方千米，为的是保护其中的河流盆地的各个分水岭。

这里共有 3 个主要的地质岩层。最古老的岩层形成于 36 亿年前至 12 亿年前，是地下的火成岩和变质岩的岩基。16 亿年前至 10 亿年前，其上部形成了一个沉积盖，最早形成的岩层已经被深深地埋在了地表下面。第三层是形成卡奈马国家公园内奇特地形特征的基础，由石英岩和沙层岩构成。这些岩层的形成是靠几百万年来周围陆地的侵蚀过程而形成的砂岩山丘。岩层日久天长不断受到阳光和雨水的侵蚀，形成了著名的桌山。远远望去，它矗立在浓密平坦、一望无际的热带雨林中，十分壮观。桌山之间是宽阔的谷地，谷地十分平坦，生长着茂密的热带雨林。河水从桌山上流下，形成了众多的瀑布。青蛙瀑布、小蛙瀑布、宽瀑等都是著名的景点。其中最有名的是安哲尔瀑布，它以发现它的美国飞行员安哲尔命名。安哲尔瀑布从萨巴纳高地奥扬特普伊山飞泻而下，落差达 1002 米，是世界上落差最大的瀑布。

卡奈马国家公园内分布着广阔的热带稀树草原。在局部潮湿的沼泽地上，土壤相对肥沃，树木生长。森林仅在潮湿的洼地和桌山下的峡谷里有所分布。

桌山上的显花植物和蕨类植物共有 3000 种至 5000 种，另外还发现了 900 多种其他植物，其中 10% 是卡奈马国家公园特有的。卡奈马国家公园的兰花种类也十分丰富，委内瑞拉政府 1993 年登记在册的兰花品种超过 500 种。

卡奈马公园的动物数量虽然并不太多，但多样性十分突出。据统

卡奈马国家公园景观

计，大约有 118 种哺乳动物、550 种鸟类、72 种爬行动物和 55 种两栖动物。它是美洲狮、美洲豹等珍贵动物的避难所。

公园内人口稀少，总人口不到 1 万，其中有些地方人迹罕至，人口密度每平方千米不到 1 人。佩默恩人是这里的土著居民，一般认为佩默恩人是在 200 年前移入这里的。尽管定居历史很短暂，但是佩默恩人对公园的自然环境还是产生了影响。卡奈马国家公园的岩层、瀑布、湍流、湖泊和溪流的命名，均是来自于其神话中的描述。

伦敦海德公园（英国）

伦敦海德公园占地160万平方米，是伦敦最大最著名的公园。18世纪前这里是英王的狩鹿场。

海德公园位于白金汉宫的西侧，与其仅一墙相隔。西接肯辛顿公园，东连绿色公园。

海德公园中有森林、河流、草原、绿野千顷，是繁华的伦敦难得的一片绿色，故公园也被人们称为"伦敦之肺"。公园内非常开阔，巨树参天，绿茵如织，既有宽阔大道，也有便捷小径，是人们休闲、锻炼的绝好去处。

海德公园南面，有1876年为维多利亚女王的

海德公园景观

丈夫艾伯特亲王而建的纪念碑。纪念碑对面是皇家艾伯特大会堂，椭圆

形的大会堂上覆盖着玻璃穹顶，非常壮观。1851年第一次伦敦国际博览会在这里举行。

公园中央是戴安娜王妃纪念喷泉。公园的东北角有一个大理石凯旋门，东南角有威灵顿拱门。

海德公园历史悠久，18世纪前是英王的狩鹿场。16世纪，英王亨利八世将其用作狩猎场的一部分。查理一世执政期间，曾对外开放。1851年，维多利亚女王首次在这里举办伦敦国际博览会，自此以后，公园正式对外开放。从19世纪末起，公园成为英国工人集会和游行示威的地方。就是现在，海德公园也是人们举行各种政治集会的场所。

海德公园最为著名的当属"演讲角"。从19世纪起，公园内每个星期天下午，就有人站在装肥皂的木箱上发表演说。演讲者可在这里发表各种政见，内容五花八门，有的讲述对某些国际问题的看法，还有的宣扬某种宗教和艺术等。当时既无讲坛，也没有灯光，都是演讲者自带设备。但即使是这样，作为英国民主的历史象征，这个传统被延续至今。现在，演讲者大多数站在自带的梯架上，高谈阔论，慷慨陈词。演说的内容除了不准攻击英国王室和不准对任何人进行人身攻击外，可以演说任何关于国计民生的话题。

经常有一种叫"无座音乐会"的活动在海德公园举行。场地里没有座位，听众们可以一边散步一边聆听乐队的演奏，还可以跟着音乐的节拍跳舞。每当音乐会举行时，海德公园简直成了音乐的海洋。

海德公园每年最热门的时候，是国王生日举行鸣放礼炮仪式，那时的海德公园艳丽多姿，观众如潮。上午11点整，皇家炮兵马队从大理石拱门来到检阅场。41响礼炮放完后，炮手们奖大炮装在四轮马车上，然后飞身上马，奔向伦敦北面的营地。

英国湖区国家公园（英国）

英格兰湖区位于英格兰西北海岸，靠近苏格兰边界，占地 2300 平方千米，1951 年被划归为国家公园，是英格兰和威尔士的 11 个国家公园中最大的一个。湖区拥有英格兰最高峰斯科菲峰和英格兰最大的湖温

英国湖区国家公园景观

德米尔湖。坎伯里山脉横贯湖区,把湖区分为南、北、西三个区,湖区北部最大的城镇是凯斯维克。

这里是英格兰最美妙的国家公园,一切色彩在这里都被极致的浪漫主义所覆盖:植被红、农舍灰、草原绿、水汽白,混杂了纯海蓝和极地绿的湖泊,被淡蓝色雾气笼罩的村庄……一切都美不胜收。

英国湖区国家公园成立已经50多年了,每年吸引1000多万游客前往游玩休假,是英国最著名的休假地,被英国人称为"自己的后花园"。它是第一个入选环球绿色旅行地的风景点,同时还是"美国国家地理"杂志评选的一生必去的50个地方之一,它被选中的理由是:人类和自然良好共处、相得益彰的经典。湖区内遍布大小不一的16个湖,最出名的包括温德米尔湖和葛拉斯米尔湖。温德米尔湖是全英格兰最大的湖泊,湖面狭长,全长17千米,最宽处2千米。湖中有数个小岛,不过只有一个有人居住。葛拉斯米尔湖位于温德米尔湖北边,小巧优美。除了怡人的风景外,这里也因沃兹华斯的故居"鸽舍"和他散步的故道而闻名,在诗人眼中,这里是"痛苦世界里安宁的中心"。

另外,公园里还有一个叫凯斯维克的小镇很有名。凯斯维克是一个维多利亚时期的古老市镇,周边有数条林间小道通向附近的断崖和瀑布。附近还有著名的凯尔特诗人的巨石遗迹,卡塞里格石圈,充满了古老神秘的气息。

牛津大学植物园（英国）

　　牛津大学植物园是英国最古老和经典的植物园，它犹如一颗绿色的明珠镶嵌于牛津大学中心城的东南角。

　　牛津大学植物园始建于 1621 年，最先为草药园。植物园中最古老的树是由该园第一任园长于 1645 年种的一棵欧洲红豆杉。牛津植物园主要的功能是支持大学的教学、科研和物种的保存，同时也为家庭绿化进行品种及配置形式的展示。植物园现收集有 7000 多种不同类型的植物。

　　植物园由 3 个部分组成，即建园初期建成的古老围墙围成的老园、位于老园北部的新园以及温室。老园内呈规则式布局，植物根据其原产地、科属以及经济价值进行分类种植。大部分的植物以科为分类单位种植在长方形的种植床内。

　　新园比老园更注重园艺的展示性，其中包含了经典的造园元素，如水生园、岩石园等。走进新园，首先映入眼帘的是古朴的睡莲池，它嵌建在道路的中央。莲池两边是岩石园。岩石园最早建于 1926 年，几经改造，现在的岩石园是 20 世纪末重新改造的。道路东面和西面则分别展示着欧洲及其他地区的高山植物。新园最北端为水生园，这里为不同的植物提供了适宜的环境，植物生长得郁郁葱葱。在西北古老城墙的外侧，是多种宿根草本组成的花径，即便在盛夏时节，人们也能在这里享受到多年生草本植物带来的视觉盛宴。

老园的西面就是温室区，由7个分区组成，北部由一条狭长的走道相互连接，每个分区内分别展示着高山植物、蕨类植物、睡莲及王莲等水生植物，食虫植物、仙人掌等旱生植物，而最大的棕榈温室收集了各种热带经济植物。

牛津大学植物园景观

牛津大学植物园是一座历史悠久的植物园，然而它的意义不仅于此。今天，不同年龄、不同背景的人们仍在使用着植物园，每年都有在读大学生到此进行生物学和植物学的学习和研究。作为植物园公众教育和培训的四个培训项目之一，每年有 6500 名孩子前来参观，饶有兴趣地在温室中寻找椰子、柑橘、香蕉、可可等。此外还有 5000 名成人参加关于植物学、园艺及造园方面的知识培训。这座古老的植物园依然焕发着蓬勃、富有朝气的生命力。

邱 园（英国）

邱园是英国的皇家植物园，坐落在伦敦三区的西南角。植物园规模庞大，除了常规的园林设计，还有专门的野生动物保护区，该保护区濒临泰晤士河，具备良好的生态环境。公园里的很多道路都是一望无际的草毯。

邱园的历史可追溯到 1759 年，那时乔治二世与卡洛琳女王之子威尔士亲王的遗孀奥古斯塔派人在所住庄园中建立了一座占地仅 3.5 公顷的植物园。这便是最初的邱园。到 1840 年，邱园被移交给国家管理，并逐步对公众开放。以后，经皇家的 3 次捐赠，到 1904 年，邱园的规模达到了 121 公顷。

邱园拥有世界上已知植物的 1/8，将近 5 万种植物，收藏种类之丰，堪称世界之最。这些植物大都按科属种植，并适当根据生态条件配置宿根草本或球根花卉。

邱园的温室闻名遐迩，拥有数十座造型各异的大型温室。

棕榈温室，外形像一艘倒置的航船，是全球最著名的温室之一。这座建成于 1848 年的大型温室，是世界上幸存的最重要的维多利亚时代玻璃钢结构的建筑，全长 109 米，中部宽 30 米，高 20 米，棕榈室是棕榈科植物多样化展示中心，创造了与热带雨林相似的气候条件，收集了各种热带雨林植物，如棕榈类的油棕、西谷米和可可，还有攀援植物、附生植物，以及人们熟知的橡胶、棉花、香蕉、咖啡等经济植物。这里保存的棕榈类植物中有 1/4 在野生环境下已经濒临灭绝，是热带地区的活化石。

在棕榈室的地下室还有海洋植物陈列室，分别呈现了 4 种重要的海洋自然环境以及其中的鱼类、珊瑚以及其他海洋生物，展现了海洋植物的重要性。

温带植物温室是邱园最大的温室，曾经是世界上最大的植物温室，是现存的最大的维多利亚时代玻璃钢结构建筑，面积 4880 平方米，是棕榈室的 2 倍。分别于 1859 至 1863 年、1895 至 1897 年两个阶段建成，展示了 1666 种亚热带植物。展示的内容按地理分布布置：北翼展示亚洲温带植物；北边八角亭展示澳大利亚和太平洋岛屿植物；南边八角亭展示南非石楠属植物和山龙眼科植物；南翼展示南地中海和非洲植物；中部展示高大的亚热带树木和棕榈植物。温室中也有许多是有重要经济价值的植物如茶和各种柑橘类植物等。

高山植物温室是邱园最小的温室，1981 年建成。

睡莲温室建于 1852 年，位于棕榈室的附近，专门为栽培王莲设计。面积 226 平方米，展示了 86 种植物。由于栽培不好，1866 年改为经济植物馆，栽培药用植物和烹饪作物。1991 年恢复原用，它是邱园中气候最湿热的一个温室，主要展示热带水生植物，冬季闭馆（11 月至 3 月）。

植物进化馆的植物进程从 4 万亿年前的无生命的不毛之地时代开始，到 6 亿年前的第一个真正的植物——海藻，到 4.5 亿年前的陆地植物。主要展示了陆地植物出现后的 3 个阶段：志留纪、石炭纪和白垩纪。

威尔士公主温室是座崭新的大型温室，占地 4490 平方米，于 1987 年建成对游人开放。室内每一区域都具有不同的环境条件，均由计算机控制，通过调节供热、湿度、通风、采光系统，来保证最有效地利用燃料和水。节能是该温室的一大特色。室中植物极为丰富。热带干旱区与潮湿区的植物在这里各逞奇姿，共聚一堂。干旱区的仙人掌、龙舌兰、芦荟、生石花等格外惹眼。潮湿区中，天南星科、苦苣苔科、秋海棠、龟背竹等植物争奇斗妍。巨大的亚马逊王莲，叶片硕大如盘，花朵娇艳美丽，更是其中光彩夺目的"明星"。这里还有奇妙的食虫植物如产自美洲的瓶子草、捕蝇叶，广为人知的经济植物香蕉、菠萝、胡椒、生姜，以及丰富多彩的蕨类和兰科植物。

邱园内建有 26 个专业花园：玫瑰园、草园、水生花园、树木园、杜鹃园、杜鹃谷、竹园、日本风景园、柏园等。园内还有与植物学科密切相关的建筑，如标本馆、经济植物博物馆和进行生理、生化、形态研究的实验室。此外邱园还有 40 座有历史价值的古建筑物。经过了几百年的发展和进步，邱园已经从单一娱乐性的植物收集和展示转向植物科学和经济的应用研究。

玫瑰园建于 1923 年，每年的 6 月至 8 月，园中的玫瑰正处于盛开

邱　园

期，花团锦簇，色彩缤纷，花朵香气扑鼻，令人沉醉，是植物园中的一个主要景区。

草园建于 1982 年，现在种植的草的种类有 550 种之多，并且数量还在不断增加。在草园，初夏时可见的多为一年生的谷类和草，在秋冬季可见多年生的草。草园被分为 2 个区域；一个是装饰陈列区，一个是资料区。

竹园创造了竹类植物多样化的展示形式，一年四季都适合参观，展示了 120 多种竹类，来自世界各地，包括中国、日本和美洲大陆。

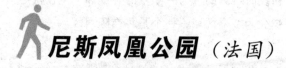
尼斯凤凰公园（法国）

尼斯凤凰公园地处法国尼斯城的入口处，斜对面就是尼斯国际机场。凤凰公园占地 7 公顷，拥有植物 2500 种。此外园区内还有一些展示鹦鹉、猫头鹰等动物的馆舍，因此可以说凤凰公园也是一个动植物公园。公园布局简洁，主题鲜明，全园以展览温室为重点进行景点及服务设施的设置。

尼斯凤凰公园景观

温室位于公园的最末端，与大门形成对景，并形成了景观的主轴线，在这条视觉轴线上依次安排了大型的湖面、喷泉、大草坪等公园主要的景点，温室在大草坪和花坛的映衬下显得十分壮观。由于整个视线上没有任何遮挡，因此游人进入公园后就能清楚地看到远处的温室。园内主要道路呈圆形或半圆形，主轴线两旁的地势略有起伏，植物配置疏密有致，色彩明快。漫步在园中，阿兹台克人的金字塔形下沉式花园、花坛、疏林、草坪、棕榈树、喷水池、瀑布、溪流，在地中海所特有的蔚蓝天空的映衬下，令人赏心悦目、心旷神怡。

凤凰公园展览温室的外观呈钻石形，在阳光的照射下熠熠生辉。温

室最高处 25 米，面积 7000 平方米，是世界上最大的温室单体建筑之一，温室内部分为多个展区，展示的内容分别为热带雨林、食虫植物、树蕨、珍稀兰花、凤梨、昆虫及水族馆、路易斯安那馆、鬣蜥馆、澳大利亚馆、地中海植物馆等。温室内利用堆地形、造假山等手法营造出瀑布、水池、溪流等景观，也为不同的植物创造了良好的小气候环境。其中最吸引人的是主题为"热带梦想"的热带雨林馆，该展区位于温室的中心部位并延伸至出入口，这里展出了棕榈科、芭蕉科、豆科、桑科等典型的热带植物，高大的乔木与灌木、草本、地被、藤蔓植物组成了层次丰富的热带丛林景观，充分体现了植物的多样性。

尼斯凤凰公园在进行植物配置时也十分注重植物的观赏性，运用天南星科、锦葵科、爵床科、姜科、秋海棠科、石蒜科等美丽的观叶、观花植物，使温室内的色彩富于变化，给人以视觉上的享受。

此外园内还设有儿童游乐场、露天剧场、各类动物馆舍、科普馆、音乐喷泉等设施，全园还安装了音乐广播系统，以降低来自对面飞机场的噪音。

乐高园（丹麦）

举世闻名的乐高园位于丹麦日德兰半岛东岸的小镇比隆，占地面积25万平方米。自1968年创建以来，每年都有上百万游客前来参观游览。

走进乐高园，就宛如走入一个迷你世界，组成这个世界的分子就是那不足小手指大小的塑料拼插积木，一共用了4200万块积木才建成这座新颖独特的"小人国"。一走进乐高园，扑面而来的是春天般的童话气息，耳边是欢声笑语，眼里是斑斓缤纷的色彩。最有特色的当然是形形色色、栩栩如生的积木艺术品，每件艺术品都以与实物1:20的比例用塑料积木拼插而成。这里有著名的哥本哈根港口、曲折蜿蜒的阿姆斯特丹运河、富丽堂皇的丹麦皇家阿美琳堡宫，也有希腊的巴特农神殿、德国慕尼黑的新天鹅堡和美国的自由女神像。园中还有一座美国拉什莫尔峰石刻的复制品，用150万块积木拼插而成的美国总统华盛顿、杰斐逊、林肯和罗斯福的胸像几乎能以假乱真。飞机场上正在起飞的飞机、港口内缓缓进港的轮船，还有那骑上自行车去送信的小邮差更是惟妙惟肖，使人难以相信这一切竟全是用积木拼插成的。

乐高园中还有一座精巧的乐高博物馆，馆内分为"古董洋娃娃"、"机械玩具"、"蒂达莲皇宫"和"乐高展"等几个部分。"古董洋娃娃"陈列室内，展出各个年代的洋娃娃500余个，游客可以从中了解洋娃娃制作的发展史；"蒂达莲皇宫"只有6.25平方米，但皇宫里却有3000

多件从家具到日用品的迷你摆设，分布在 18 个房间里，其中一枚镶钻金戒指，直径只有 0.8 厘米，是世界之最；"机械玩具"陈列室内，橱窗里摆放着各式机械玩具，一按钮，就能看到玩具动作起来的动画形象，十分有趣；"乐高展"室内则是电动乐高积木配以灯光和音响进行表演。

乐高玩具工作室里提供了成千上万的乐高积木，可以让大人孩子都一展身手，发挥自己的想象力和创造力，拼插出各种模型来。工作室还有小型赛车跑道，孩子们可以用自己组装的汽车来参赛，看看谁的手艺最好。

乐高园景观

园内最主要的活动当然还是各种游乐项目。坐上旋转塔，可升至高处俯瞰积木城全景；乘坐迷你火车可以畅游玩具国一圈；搭上海盗船可以亲身经历一番海盗的枪战；也可以坐上小船慢慢欣赏积木城的景色。不言而喻，这些游乐设施也大多是用积木拼成的。

为了使乐高永葆青春，丹麦人付出了不少心血和劳动。就拿哥本哈根港口来说，那是 8 名工人花了 2 年时间用 300 万块积木拼插而成的，而且园内的一些模型每隔 4 年就要推倒重插，因此，乐高园永远是美丽的。

蒂沃利公园（丹麦）

　　蒂沃利公园位于丹麦首都哥本哈根闹市中心，占地约 8094 平方米，是丹麦著名的游乐园，有"童话之城"之称，每年 4 月 22 日至 9 月 19 日对外开放。

蒂沃利公园景观

兴建蒂沃利公园的是一名记者兼出版商乔治·卡斯滕森，他向当时丹麦国王克里斯蒂八世进言，表示"若人民耽于玩乐，便不会干涉政治"，于是获准修建这座公园。公园于1843年8月15日起即开始接待当地居民和外来游客。最初公园只是群众集会、跳舞，看表演和听音乐的场所。后来几经改造，才逐渐形成一个老少皆宜的游乐场所。

蒂沃利公园的正门，颇似一座碉堡。由专家精心设计的园内建筑物错落有致地分布在自然景物之间，使整个公园兼有天然与人工之美。花卉展览是公园的一大特色，花展以种植在园地里的花簇组成五彩缤纷的图案来吸引观众。这里的水景更是令人叹为观止，水面上不仅有雕塑、喷泉，还有花舟游弋，水鸟翻飞。当夜幕降临，园内灯光灿烂、闪烁生辉。整个游乐园既像在黑幕上画出的一幅大笔素描，又似一个玻璃的世界。树枝上的彩灯大小不一、明暗有致，衬托出园内的曲径通幽、树影婆娑。水边的灯饰图案各有不同，色彩各异，在不同的水面上经过巧妙的安排和艺术的穿插，有如镜花水月，给人以朦胧迷幻之感。这里还有两座引人注目的中国式建筑——宝塔和戏台。塔分4层，飞檐凌空，楹槛通灵，一面倚山，三边临水。塔内每层设有餐厅，游客可一边品尝中国佳肴，一边饱览湖光山色。戏台建于1874年，在外形、大小、色泽、布局上仿照北京故宫戏台规格，台前屋檐下横悬一块木匾，上书孟子的名言"与民偕乐"4个大字。

蒂沃利公园自创建以来收入从未出现过赤字，之所以有这么好的收益除了其别致的景色以外，还得益于其悠久的历史和传统。公园内设有20多条惊险程度各异的历险路线，还可沿飞天干线浏览安徒生一幕幕脍炙人口的童话故事。

格雷梅国家公园（土耳其）

　　格雷梅国家公园位于土耳其中部的安纳托利亚高原上的卡帕多西亚省，处在内夫谢希尔、阿瓦诺斯、于尔居普三座城市之中的一片三角形地带。公园内的卡帕多西亚奇石林以壮观的火山岩群、古老的岩穴教堂和洞穴式住房闻名于世。这一地区是由远古时代五座大火山喷发出来的熔岩构成的火山岩高原。由于这里的岩石质地较软，孔隙多，抗风化能

格雷梅国家公园景观

力差，山地经过长年的风化和水流侵蚀，形成了许多奇形怪状的石笋、断岩和岩洞。山体上寸草不生，岩石裸露，人们称这里为奇山区。

海拔 3000 多米的埃尔季亚斯山和哈桑山因火山爆发，大量的火山灰沉积为厚厚的凝灰岩。凝灰岩岩性较软，经过长年的流水侵蚀，形成了格雷梅国家公园卡帕多西亚奇石林立的特殊景观。这里呈笋状和塔状的岩景奇妙无比。由于火山喷发后层层堆积的火山灰、熔岩和碎石，形成了一个高出邻近土地 300 米的台地。火山灰经长期挤压，终于变成一种灰白色的软岩，称为石灰华，上面覆盖着的熔岩硬化成黑色的玄武岩。流水、洪水和霜冻使这些岩石裂开，其较软的部分被侵蚀掉，结果留下一种奇异的月亮状地貌。它由锥形、金字塔形等尖塔形岩体组成。在这些奇形怪状的岩体中有很多带有白、赭、栗、红和黑等色的横条纹。与裸露的山体成鲜明对比的是林木茂盛的山间峡谷。由于峡谷内风力较弱，日照时间短，水分蒸发少，空气的相对湿度较大，适宜植物生长，所以林木主要集中在谷中生长。

卡帕多西亚奇石林泛指土耳其首都安卡拉东南约 280 千米处的阿瓦诺斯、内夫谢希尔和于尔居普三个城镇之间的一片三角形地带。这里被誉为土耳其天然景致的王牌，是土耳其人引以为傲的观光资源。远古时代五座大火山喷发出来的熔岩构成了这里的火山岩高原，地形奇特，区内满布火山岩切削成的无数奇形怪状的石笋、断岩和岩洞，有的像塔类，有的像蘑菇，千姿百态。卡帕多西亚是公元 4 世纪至 10 世纪土耳其中部山区的地名。格雷梅国家公园内保存有数量众多的建于古代卡帕多西亚时期的山地洞穴和地下建筑遗址。如果说，是自然赋予了卡帕多西亚独特的景观的话，那么真正使这里成为一个谜一样地方的则是那些人工开凿出来的洞穴。2000 多年前，土耳其先民希太部族在此凿洞而居。

公元 4 世纪，基督教传入土耳其中部高原，人们在这里建起了各种基督教宗教建筑。到了 9 世纪，有许多基督教徒来到此山中凿山居住，并将洞穴粉饰布置成教堂，在墙壁上画上《圣经》中的人物画像，至今仍色彩鲜明、清晰可见。公园中部有格雷梅天然博物馆，由 15 座基督教堂和一些附属建筑组成，其中包括一些希腊式的教堂建筑和建于 11 世纪的圣巴巴拉教堂及建于 12 世纪至 13 世纪的苹果教堂等。于尔居普镇附近石笋林立，到处耸立着的石峰和断岩，许多岩洞如蜂巢般穿插在岩石之间，而岩洞内部又有机地连接在一起，成为相互贯通的高大房间。到 13 世纪时，该区域的山洞已密如蜂巢。已发现有 300 多座从岩石开凿出来的教堂。

有些教堂的墙壁和天花板上绘有多彩的图画。14 世纪时，这个宗教社区湮没了。后来到了 19 世纪，修道士们又回来住在这些岩锥体里，一直到 1922 年。如今，有些山洞变成了土耳其人居家的住所，另一些则用作贮藏或牲畜厩棚。光阴荏苒，这里早已听不到昔日诵读经文的声音，我们只能从那些虽已略显斑驳但色彩依旧鲜艳的壁画当中去想象教堂中曾有的光景和氛围，感受那跨越时空的虔诚与庄严。

加拉霍艾国家公园（西班牙）

加拉霍艾国家公园位于西班牙加纳利群岛中的戈梅拉岛，面积 40 平方千米，占据了其中央最高的地方，包括海拔 1484 千米的加拉霍艾峰和小片公园（海拔 790 米至 1400 米）。激流、瀑布从山的北坡飞流而下，经过峡谷流入海洋。

该岛为海洋性气候，全年温差不大，但湿度很大，浓雾弥漫，雨水丰沛，对常绿阔叶林的生长十分有利。阔叶林下生长着藤蔓类、羊齿类、苔藓类及地衣类植物，以月桂最多。最珍贵的是第三纪遗留下来的月桂树，这种树在其他地方已经绝迹了。公园内动物不多，只有少数鸟类。桂冠鸽和长趾鸽是加拉霍艾国家公园特有的两种野鸽子，栖居在月桂林中。

戈梅拉岛屿是克里斯托弗·哥伦布在起程前离开的最后一个岛屿。现在，戈梅拉岛屿已经成为一个真正的历史遗址所在地。最初，人们建立国家公园的目的是为了保护该地区大片的月桂树林。据统计，这种颇具历史遗迹研究价值的月桂树林在全球所存无几，而加拉霍艾国家公园珍藏并保存了月桂树奇观，并且月桂树的数量也是首屈一指的。

加拉霍艾国家公园所覆盖的保护区面积占整个岛屿面积的 10%。加拉霍艾国家公园还包括中部平原和几个峡谷的尽头。绿波状的森林此起彼伏，覆盖了该地区差不多 70% 的土地。丰富的年均降水量，使得岛屿上的植物生长得非常茂盛。中部平原上的盛行信风从海洋上带来了大量的水汽，因此也使得这片被保护的土地成为令人瞩目的淡水储存区。在和谐美丽的公园中，时而会因一些岩石矿脉突出地面，公园显得异常奇怪突兀。这些千奇百怪的地貌是由于曾经有熔岩流过而形成的，这些当时厚厚的熔岩，现在都已经固化。沿着该保护区的东南边境向前走，有四个靠得很近的火山口，它们的出现颇为引人注目。

在加拉霍艾国家公园中，有450种形态各异的植物，这些植物的归属范围迥然不同。例如，其中34种植物都是加拉霍艾地区所特有的，而这34种植物在保护区中只发现了8种。与种类丰富多彩的植物王国比较起来，脊椎动物就要少得多。鸟类是这儿脊椎动物中最好的代表，尤其是加那利群岛上所特有的2种山鸽：一种山鸽名为科伦巴·特罗卡兹·博雷，总是栖息于最高的枝头；另一种山鸽是科伦巴·朱诺尼瓦，与前一种山鸽比较起来，则要珍稀的多，这种鸟总是将鸟巢安置在多岩石的地区。与脊椎动物群相反，无脊椎动物的种类要丰富的多，而且还有一些属于珍稀物种。对这些无脊椎动物进行系统的全面研究才刚刚开始，但有一点已经可以下结论，那就是，在该公园中，大约有50%的无脊椎动物都是本地所特有的。

加拉霍艾国家公园景观

贝希特斯加登国家公园（德国）

贝希特斯加登国家公园于 1978 年建立，它是最值得德国人夸耀的风景胜地。它位于德国的东南角，距离奥地利萨尔茨堡约 20 千米。从地图上看，它有如一个楔子，嵌入奥地利的版图之内。

贝希特斯加登国家公园为阿尔卑斯山所环抱。这里高山巍峨，溪流潺潺，森林茂密，山花遍野，湖泊如镜，牧场似毡，人人其中，恍若进入世外桃源。

贝希特斯加登镇只有 8000 多名居民，镇子有古城堡围着，清澈的贝希特斯加登河在古城堡旁边流过。罗曼式的施梯夫教堂耸立在镇子中心。这里过去是主教贵族的庄园，现在仍保留着很多古建筑。

离贝希特斯加登镇 3 千米处，是美丽的柯尼希湖。柯尼希湖是狭长的山间湖泊，湖长 8 千米，湖水最深处达 1250 米。湖边有座白墙红顶的圣巴多罗买礼拜堂。瓦茨曼群山那五、六座 1300 米至 2500 米的山峰和连绵不断的悬崖峭壁，簇拥着这幽蓝优美、平静如镜的柯尼希湖。

贝希特斯加登国家公园不仅有各种各样的自然景观，而且也是一个物种众多的动物世界。这里栖息着多种阿尔卑斯山动物，如在露天猎场里生活的北山羊、土拨鼠、山雕、雪兔和高山蝾螈以及日渐珍稀、难得一见的金雕。这里的植物同样也丰富多样，如有龙嘴花、报春花和矮杜鹃花。徒步游、爬山或是滑雪之后，游客可以到膳宿小屋和山间旅馆好好地休息一下。在这里，游客会受到热情地招待，并能品尝到当地的特色小吃。

国王湖和它所在的贝希特斯加登国家公园是德国著名的旅游胜地。国王湖因其清澈的湖水而闻名，它被认为是德国最干净和最美丽的湖。在最后一个冰河时期由冰川形成，长7.7千米，最宽处约1.7千米，湖岸线长19.96千米，面积5.218平方千米，平均水深98.1米，最深处190米，是德国最深的湖泊。除了出口处毗邻城镇外，国王湖完全被阿尔

贝希特斯加登国家公园景观

卑斯山脉环抱，其中包括瓦茨曼山脉。1909年起，只有电动船、手划船和脚踏船才被允许在湖中航行。国王湖上航行着17艘电动大船和一艘电动小船，第一艘电动船在1909年投入使用，现在仍在服役的年龄最老的那艘建造于1920年，以前的船都是由木材打造，2003年才新造了2艘铁质船。

由于国王湖面积很大，只有在非常寒冷并且无风的冬季，湖面才有可能结冰。这种情况平均每8年出现一次，最近一次是在2006年1月至2月间，总共29天，冰层厚达40厘米。

圣巴多罗买礼拜堂是国王湖的标志。坐落在国王湖西岸中段半岛上的圣巴多罗买礼拜堂小而别致，以其特别的造型而出名，红色圆穹顶呈洋葱型，礼拜堂半圆形后殿分成对称的三瓣。礼拜堂始建于12世纪，16世纪开始发展成为巴洛克风格。礼拜堂的名字取自耶稣十二门徒之一的圣巴多罗买，他被认为是阿尔卑斯山里农民和挤奶工的主保圣人。教堂半圆形后殿圣坛上供奉的分别是圣巴多罗买、基督教圣人圣凯瑟琳

和耶稣十二门徒之一的圣雅各。礼拜堂边的同名狩猎屋是在 12 世纪与礼拜堂一同建造的，是一家小饭店。

　　贝希特斯加登一年四季景色各异。冬天，白雪皑皑，银装素裹，这里是高山滑雪者的天地；春天，满眼新绿，山花怒放，甜丝丝的空气，令人不忍离去；夏天，蓝天白云，绿水清波，划艇游泳，激流冲浪，说不清每天有多少人来此度假；秋天来了，也带来了一年里最好的风光：漫山红叶，满坡牛羊，朝雾晚霞，烟岚缈缈，实在是人间仙境。

柏林大莱植物园（德国）

德国柏林大莱植物园的前身是位于辛伯格的一个示范农业园。示范农业园是在柏林宫中的家庭菜园基础上于 1679 年建立起来的。几任园长都是植物分类学研究的著名学者，为园区发展奠定了高水平的科学基点。在 19 世纪，大量植物被引进到德国本土。因此，需要提供更大的地方以满足植物园的植物收集和研究。近代植物分类学泰斗和植物地理学的权威——阿道夫·恩格勒在 1889 年至 1921 年间担任了大莱植物园 33 年的园长。在他的指导下，1897 年至 1910 年，新的植物园在大莱落成，占地 42 万平方米。虽然二次大战对大莱植物园破坏很大，但大莱植物园的植物收集现仍达 2.3 万多种，并且植物园坚持以地中海植物和热带植物为研究重点，研究水平始终处于世界前沿。

大莱植物园以植物地理学研究而闻名。占地面积达园区 1/3 的植物地理区由恩格勒设计，在 1897 年至 1904 年逐步建成，栽培了约 6400 种植物。园区按照世界植物地理区系规划，分别栽培了代表欧洲、亚洲、大洋洲、美洲和非洲的植物，堪称是世界植物区系的缩影。园区道路蜿蜒曲折，在此可真切感受"世界植物一日行"。

树木园和系统区是大莱植物园中面积最大的园区。树木园的植物配置不以地理起源为依据，而是模仿自然的环境，把木本植物和草本植物组合在一起。其中乔灌木种类有 1800 多种。当然，也可看到在花架上的藤本植物和各种野生蔷薇和园艺月季。系统区按照恩格勒分类系统布置了 1000 多种植物。在此可以直观地比较同科植物在形态上的不同和颜色上的差异。

柏林大莱植物园

湿地植物区面积 3000 平方米，模拟德国自然湿地景观，展示了湿地植物约 200 种，其中很多种类濒临灭绝，已纳入德国植物红皮书。

盲人植物区建于 1984 年，该区方便盲人通过闻香触摸来欣赏植物的多样性，也可以通过盲文来阅读信息。药用植物区面积 3000 平方米，按人体部位排列，可以发现 230 种药用植物，并有详细的植物名称、药用成分和药效等信息。

除了上述的室外展区，大莱植物园还有 16 栋温室，面积 6000 平方米。分别是：主温室，建于 1906 年至 1907 年，高 23 米。植物展示以植物地理区划为依据，是室外植物地理区的补充；地中海和加那利群岛植物及树蕨温室，建于 1903 年至 1908 年。其他还有秋海棠温室、经济作物温室、热带兰温室、湿热带植物温室、热带蕨类植物温室、凤梨科植物温室、古热带多肉类植物温室、新热带多肉类植物温室、南非植物温室、食虫植物温室、澳大利亚和新西兰植物温室、杜鹃和茶花温室、王莲和沼泽植物温室、季节展示温室等。

比亚活维耶扎森林公园（波兰、白俄罗斯）

比亚活维耶扎森林公园位于波罗的海和黑海的分水岭，跨越白俄罗斯与波兰两国边境，是欧洲仅存的原始森林之一。

这片广袤的原始森林由常青树和阔叶林组成，由于气候寒冷，所以这里自然状态保存完好，基本上很难看到一处人工建筑。有1000多种植物，包括70多种灌木，20多种林木，针叶和针阔叶混交林占据了树木种类的大部分，这些抵抗力很强的树种，不畏严寒，顽强地扎根于坚硬的土壤里。这里的很多种珍稀植物被认为是自然进化史上的标志性生物。森林的地面被一簇簇繁茂的植被所覆盖，使人感到心旷神怡。比亚活维耶扎森林曾是波兰王室和俄国沙皇游猎的传统胜地。

比亚活维耶扎国家公园内树木

比亚活维耶扎森林公园里的动物和植物一样品种丰富，有各式各样

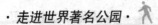

的哺乳动物、爬行动物、两栖动物和各式的鸟类。在这里，欧洲仅有的北美野牛在这片土地上自由地驰骋，这里还有更为珍稀的一种野马，叫草原野马。在大约1000年前，无数北美野牛越过欧洲来到波兰。到本世纪初，由于过度捕猎，北美野牛数目锐减，现在仅有少量生活在比亚活维耶扎森林公园中。即使这些剩下的动物也不是安全的，在一战期间，它们被偷猎者和德国士兵大肆捕杀。到1923年全世界仅有60只北美野牛，这时人工饲养繁殖野牛的计划出台了，到1978年，波兰北美野牛的数量已增加到206只，所有的野牛都被保护起来。

这里的绝大多数地区都未遭破坏，古代的人类文明成果也被保留了下来。现已发掘出600多座古斯拉夫墓，其中最大的墓群由134座墓组成。公园的许多地区已经被严格地保护起来，与此同时波兰政府修建了许多野营点和公路，使所有到此的游客都能方便地欣赏到此地美景。近期所做的努力使比亚活维耶扎森林公园成为研究生物发展史的奇迹，吸引了大批的考古学家前来考察。

这就是比亚活维耶扎森林公园，因为地理位置和气候的原因，接近它的途径很单一，所以能最大程度地保留此地的原貌和气质。

普西罗芮特地质公园 *（希腊）*

　　普西罗芮特地质公园位于希腊爱琴海南部美丽的克利特岛，面积1159 平方千米，区内分布着 157 个大小不一的村落和城镇。

　　公园由普西罗芮特山和位于克利特岛的北海岸构成。普西罗芮特是克利特岛上最高的山，从地中海海底至山顶有5000 米。这是一个历史悠久、充满神话传说的地区。传说古希腊国王宙斯就生活在这里，这里也是克里特文明时期最重要的宗教发祥地。

　　普西罗芮特地质公园集独特的自然环境、悠久的历史、独特的传统、灿烂的古代文明以及令人着迷的地质特征于一体。园区内，克利特的推覆岩柱和岛上大多数岩石类型出露完好。每年都有许多国外大学来这里进行基础科学研究和教

普西罗芮特地质公园景观

学实践。公园内拥有各种各样的地质构造和景观，既有小规模的，也有区域性的。气势宏伟的大断层、分散于各处的化石产出点、洞穴、极具地方特色的峡谷和高原、奇特的褶皱群，以及迷人的地貌结构孕育了数千年的文化、传统和风俗。

地质公园本身分为2个园区，它们中的每一个都代表了园区内一种重要地质特征。其中，普西罗芮特岩溶化景观位于普西罗芮特山的顶部，山上发现的构造和特征与高山的隆升和岩溶侵蚀有关。通过这些，可以研究岛上早期的地质历史。岩石类型、风化构造、褶皱和化石（如二叠纪的珊瑚）构成了这个园区的主要地质特征。

盆岭公园位于普西罗芮特的东部和南部山麓处，该盆地是研究与高山有关的克利特晚第三纪盆地发育过程的绝好场地。地形特征、构造特征是这个园区的主要特点。按照计划，洞穴公园将被开发为一个独立的区域，人们可以在这里开展各种洞穴研究工作。

公园内发育的其他许多地质特征都从不同方面展示了克利特岛地质历史的主要特征。

神话、民间传说、传统以及自然环境相互融合，形成了普西罗芮地质公园如此美妙的境地，这足以说明，普西罗芮特地质公园是自然与传统相互交织的结果，它体现了真正的克利特风情。

布里特威斯湖国家公园 （克罗地亚）

千年来流经石灰石和白垩上的水，逐渐沉积为石灰华屏障，构成自然的堤坝，而后又形成了一系列美丽的湖泊、洞穴和瀑布。一场持续了几个月的罕见的大旱降临在布里特威斯，连一向储水丰富的河流都干涸了，百姓、庄稼、牲畜、草木都急需雨露的滋润。百姓苦苦地期盼下雨，但这并没起作用，天上还是没有降雨。当求神的人们见到天后和她的随从在山谷的上空出现时，为了摆脱旱灾，免于生灵涂炭，人们苦苦地哀求天后降雨。出于怜悯，天后下令降雨，随后雷声大作，甘露倾盆而降，万物复苏。雨不停地下，大水不断地汇聚起来，最终形成了我们今天所见到的布里特威斯湖区。这种地理进程今天仍在继续。公园里的森林是熊、狼和许多稀有鸟类的避难所。

这是一则有关布里特威斯湖起源的传说。研究布里特威斯湖的地理专家富兰克博士在描述该地区地理位置时形容到："远离尘嚣，远离大道"，这段描述写于1910年。17世纪，整个地区都在土耳其帝国的统治下，后来，连布里特威斯湖地区也沦为动荡不安的前线。在该地区最古老的地图上可以找到布里特威斯湖模糊的轮廓，它那时候叫做"魔鬼花园"。

如今所有描述此湖的文章均为"布里特威斯湖位于克罗地亚地区的主道旁"，而用来描述到湖区距布里特威斯城的距离时用的词是"相邻"而不是"相距"。由于克罗地亚地区喀斯特地貌发育，使布里特威湖不仅仅是简单意义上的"魔鬼花园"，它还是位于喀斯特地貌特征显著的花园，所以景致最神奇的当属布里特威斯湖地区。

最早记录布里特威斯湖位置的地图已有200多年的历史，科学家们对该处的研究考察始于19世纪早期。1862年，看守边境的卫兵在此建起了一排住所，到了1896年，此处建起了一座有28间屋子的旅馆。但最早尝试在布里特威斯湖建立国家公园是在1914年。在当时，有人建议在湖区的瀑布群旁边建一些水力发电厂，但由于环保主义者的反对而未被采纳。

两次世界大战期间，人们逐渐认识到布里特威斯湖的重要的战略价值和教育意义，更重要的是，它作为一种珍贵的人文景观的意义已深入人心。显而易见，任何侵略和非法破坏都会对此处的环境产生损害，甚至会导致永远都无法弥补的伤害。

1928年，布里特威斯湖连同其周围的其他名胜被辟为国家公园，但该项行政命令未能得到很好的贯彻，由于各个原因，工程进展缓慢，直到1949年布里特威斯湖国家公园才最终竣工。

1979年，在布里特威斯湖国家公园建成30年后，联合国教科文组织把它列入"世界文化遗产"，从而确立了它在世界文化史中的地位。

布里特威斯湖国家公园景观

帕多瓦植物园 （意大利）

　　1997 年根据文化遗产遴选标准 C（II）（III）"帕多瓦植物园"被列入《世界遗产目录》。世界上第一个植物园于 1545 年建在帕多瓦，时至今日它仍一如既往地继续着它的初衷，把植物园作为科学研究的基地。

　　它至今仍保留着最初的建筑风格——一块象征着世界大陆的圆形土地被淙淙的水流环绕。此后这里又增添了一些其他设施元素，其中包括建筑元素（装饰过的大门和栅栏）和实物元素（修筑过的水泵和花房）。

　　帕多瓦植物公园是西方世界最古老的花园，建于 1545 年，至今仍在开放。它现在还在原址上，它的历史和文化的重要价值得到了世界的认可。它是应弗兰西斯科·博纳弗德的请求，作为药用植物教学的实习基地而建立的。由建筑师安德里亚·莫罗尼设计，彼得拉·诺亚勒建筑完成。

帕多瓦植物园一角

原始的核心部分修建了 10 年，帕多瓦植物公园有一个圆形的围栏，内部由东西、南北方向交叉的两条道路将帕多瓦植物园分割成 4 个部分。朴素的公园管理者和园丁居住的建筑在同一时期完成，帕多瓦植物园建立后迅速发展，到了 1546 年就用作教学了。1552 年园内种植了大约 1500 多种不同的植物，到了 1834 年园内收集了 16000 种植物。1561 年帕多瓦大学认为有必要设立一个与帕多瓦植物园紧密相关的教职。帕多瓦植物园和其他同时代的学校对现代科学思想的建立作出了卓越贡献。随着科学认识的不断提高，帕多瓦公园不断发展壮大并不断改变着自己的内涵。

目前帕多瓦花园正在试图保护这个地区濒危的植物。这个活动与海外的类似活动异曲同工，为了珍贵植物能在这个世界上生存。为了能够担负起这个新的使命和继续完成教学－科研任务，帕多瓦花园需要扩建，而周边地区的绿色保护区也必须得到保护，这不仅是审美上的要求，也是因为它们在功能上的重要意义。在帕多瓦花园在邻区兴建高层住宅建筑以防止有可能的重建，这是因为这一地区的地价在不断地升值。这样的建筑许可权可能导致帕多瓦植物园的最终自我毁灭，其它的建筑许可权必须禁止，以防进一步的破坏。妨碍帕多瓦花园的扩建意味着阻止了它从教学科研的角色向历史公园的转变，最终当局做出了让步。无论是过去还是现在，阻止在邻区修建的法案还没有出台。因此政府在做出经济上需要的同时必须考虑到对这个独一无二的帕多瓦植物园的保护，因为它不仅仅属于帕多瓦城市，这个遗产还属于全世界。

帕多瓦植物园应该恢复它昔日的尊严，为了实现这一愿望，我们希望科学家和致力于文化保护的国际组织行动起来。为了这一目的，我们呼吁来自于方方面面的努力阻止对它的扼杀，帕多瓦植物园是历史的进化表现，代表时间的变迁。并且帕多瓦植物园的下一个主管职位应该面向全世界，至少面向欧洲，这样，这个主管有足够的能力来负责帕多瓦植物园的安全。

颐和园（中国）

颐和园位于北京市海淀区西山脚下，是清代的皇家花园和行宫，前身清漪园。颐和园是"三山五园"中最后兴建的一座园林，始建于1750年，1764年建成，面积290万平方米，水面约占3/4。乾隆继位以前，在北京西郊一带，已建起了4座大型皇家园林，从海淀到香山这4座园林自成体系，相互间缺乏有机的联系，中间的"瓮山泊"成了一片空旷地带，乾隆决定在瓮山一带动用巨额银两兴建清漪园，以此为中心把两边的4个园子连成一体，形成了从现在的清华园到香山长达20千米的皇家园林区。

清漪园1860年被焚毁，1886年，清政府挪用海军军费等款项重修，并于2年后改名颐和园，作为慈禧太后晚年的颐养之地。从此，颐和园成为晚清最高统治者在紫禁城之外最重要的政治和外交活动中心，也是中国近代历史的重要见证与诸多重大历史事件的发生地。1898年，光绪帝曾在颐和园仁寿殿接见维新思想家康有为，询问变法事宜；变法失败后，光绪被长期幽禁在园中的玉澜堂；1900年，八国联军侵入北京，颐和园再遭洗劫，1902年清政府又予重修；清朝末年，颐和园成为中国最高统治者的主要居住地，慈禧和光绪在这里坐朝听政、颁发谕旨、接见外宾。

颐和园集传统造园艺术之大成，借景周围的山水环境，饱含中国皇家园林的恢弘富丽气势，又充满自然之趣，高度体现了"虽由人做，宛自天开"的造园准则。万寿山、昆明湖构成其基本框架，占地 2.97 平方千米，园中有建筑物 100 余座、大小院落 20 余处，3000 余间古建筑，面积 70000 多平方米，古树名木 1600 余株。其中佛香阁、长廊、石舫、苏州街、十七孔桥、谐趣园、大戏台等都已成为家喻户晓的代表性建筑。

园中主要景点大致分为 3 个区域：以庄重威严的仁寿殿为代表的政治活动区，是清朝末期慈禧与光绪从事内政、外交政治活动的主要场所。以乐寿堂、玉澜堂、宜芸馆等庭院为代表的生活区，是慈禧、光绪及后妃居住的地方。以长廊沿线、后山、西区组成的广大区域，是供帝后们抒怀散志、休闲娱乐的苑园游览区。万寿山南麓的中轴线上，金碧辉煌的佛香阁、排云殿建筑群

颐和园景观

起自湖岸边的云辉玉宇牌楼，经排云门、二宫门、排云殿、德辉殿、佛香阁，终至山巅的智慧海，重廊复殿，层叠上升，贯穿青琐，气势磅礴。巍峨高耸的佛香阁八面三层，踞山面湖，统领全园。蜿蜒曲折的西堤犹如一条翠绿的飘带，萦带南北，横绝天汉，堤上六桥，婀娜多姿，形态互异。烟波浩渺的昆明湖中，宏大的十七孔桥如长虹偃月倒映水面，涵虚堂、藻鉴堂、治镜阁三座岛屿鼎足而立，寓意着神话传说中的

"海上仙山"。与前湖一水相通的苏州街，酒幌临风，店肆熙攘，仿佛置身于 200 多年前的皇家买卖街，谐趣园则曲水复廊，足谐其趣。在昆明湖湖畔岸边，还有著名的石舫，惟妙惟肖的铜牛，赏春观景的知春亭等景点建筑。

景区内最有特色的是长达 728 米的长廊，长廊和廊中的绘画本身就有很高的艺术价值，另外还起到了将园内各个景点有机地联系起来的作用，烘托出园林整体的美。另外还有西堤和堤上的桥、后湖景区全园的建筑中心佛香阁等都很有特色，在万寿山后边，还有一组仿西藏布达拉宫的建筑群，也称"小布达拉宫"。

1961 年 3 月 4 日，颐和园被国家列为第一批全国重点文物保护单位，1998 年 11 日被列入《世界遗产名录》。2007 年 5 月 8 日，颐和园经国家旅游局正式批准为国家 5A 级旅游景区。

天坛公园（中国）

　　天坛公园地处首都北京，在原北京外城的东南部。位于故宫正南偏东的城南，正阳门外东侧。是中国古代明、清两朝历代皇帝"祭天""祈谷"之地。总面积为273公顷，整个面积比紫禁城（故宫）还大些，有两重垣墙，形成内外坛，主要建筑圜丘坛、皇穹宇、祈谷坛建造在南北纵轴上。坛墙南方北圆，象征天圆地方。圜丘坛在南，祈谷坛在北，二坛同在一条南北轴线上，中间有墙相隔。

　　天坛始建于明永乐十八年（1420年），朱棣用工14年与紫禁城同时建成，名"天地坛"。嘉靖九年（1530年）因立四郊分祀制度，于嘉靖十三年（1534年）改称"天坛"。清乾隆、光绪帝重修改建后，才形成现在天坛公园的格局。

　　天坛的内坛墙周长4152米，辟有6门：祈谷坛有东、北、西3座天门，圜丘坛的南面有泰元、昭亨和广利门。主要建筑都集中在内坛，南有圜丘坛和皇穹宇，北有祈年殿和皇干殿，两部分之间有隔墙相隔，并用一座长360米、宽28米、高2.5米的"丹陛桥"（砖砌甬道）连接圜丘坛和祈谷坛，构成了内坛的南北轴线。

　　圜丘坛是皇帝举行祭天大礼的地方，始建于嘉靖九年（1530年）。坛平面呈圆形，共分3层，皆设汉白玉栏板。坛面原来使用蓝琉璃砖，乾隆十四年（1749年）重建后，改用坚硬耐久的艾叶青石铺设。每层的栏杆头上都刻有云龙纹，在每一栏杆下又向外伸出一石螭头，用于坛

天坛全貌

面排水。圜丘坛有外方内圆两重矮墙，象征天圆地方。圜丘坛的附属建筑有皇穹宇及其配庑、神库、宰牲亭、三库（祭器库、乐器库、棕荐库）等。站在圜丘坛最上层中央的圆石上面虽小声说话，却显得十分洪亮。因此每当皇帝在这里祭天，其洪亮声音，就如同上天神谕一般，加上祭礼时那庄严的气氛，更具神秘效果。这是因为坛面光滑，声波得以快速地向四面八方传播，碰到周围的石栏，反射回来，与原声汇合，则音量加倍。

　　皇穹宇位于圜丘坛以北，是存放祭祀神牌的处所。始建于明嘉靖九年（1530 年），初名泰神殿，嘉靖十七年（1538 年）改称皇穹宇，为重檐圆攒尖顶建筑。清乾隆十七年（1752 年）重建，改为鎏金宝顶单檐蓝瓦圆攒尖顶，有东西配庑各 5 间。其正殿及东西庑共围于一平整光滑的圆墙之内，人们在墙的不同位置面墙说话，站在远处墙边的人，能十分清晰地听到，此为回音壁。皇穹宇台阶下，有3块石板，即回音石：在靠台阶的第一块石板上站立，击掌，可以听到一声回声；站在第二块石板上击一掌，可以听到两声回声；站在第三块石板上击一掌，可以听到三声回声。

祈谷坛是举行孟春祈谷大典的场所，建于明朝永乐十八年（1420年），主要建筑有祈年殿、皇乾殿、东西配殿、祈年门、神厨、宰牲亭、长廊。祈谷坛的祭坛为坛殿结合的圆形建筑，是根据古代"屋下祭帝"的说法建立的。坛为3层，高5.6米，下层直径91米，中层直径80米，上层68米；祈年殿为圆形，高38米，直径32.7米，三重蓝琉璃瓦，圆形屋檐，攒尖顶，宝顶鎏金。祈年殿由28根楠木大柱支撑，柱子环转排列，中间4根龙井柱，高19.2米，直径1.2米，支撑上层屋檐；中间12根金柱支撑第二层屋檐；外围12根檐柱支撑第三层屋檐；相应设置三层天花，中间设置龙凤藻井，殿内梁枋施龙凤和玺彩画。

祈谷坛的另一座重要建筑是皇乾殿，它坐落在祈年墙环绕的矩形院落里，其间有琉璃门相通。这是一座庑殿式大殿，覆盖蓝色的琉璃瓦，下面有汉白玉石栏杆的台基座。它是专为平时供奉"皇天上帝"和皇帝列祖列宗神版的殿宇。神版均供奉在形状像屋宇的神龛里，每逢农历初一、十五，管理祀祭的衙署定时派官员扫尘、上香。祭祀前一天，皇帝到此上香行礼后，由礼部尚书上香，行三跪九叩礼再由太常寺卿率官员将神牌恭请至龙亭内安放、由銮仪卫的校尉抬至祈年殿内各相应神位安放，受祭。

圜丘坛、皇穹宇、祈谷坛是中轴线上三个主要建筑，连接这三座主建筑的是一长长的贯通南北的台基，叫丹陛桥，又叫神道或海墁大道。它长360米，宽29.4米，南端高1米，由南向北逐渐升至3米，象征着此道与天宫相接，皇帝由南至北步步升天。丹陛桥中间是神道，左边是御道，右边是王道。皇帝走御道，王公大臣走王道，神走神道。桥下有东西向隧道，是祭祀前将牲畜送去屠宰的洞口。

　　斋宫位于天坛西天门南，坐西朝东，是皇帝来天坛祈谷、祈天前斋戒沐浴的地方。所以，也可以说是一座小皇宫。它建有宫城，宫墙有两层：外层叫砖墙，内城称紫墙。外城主要是防卫设施，在外城四角建有值守房。外城东北角有一座钟楼，每逢皇帝进出斋宫，都要鸣钟迎送。斋宫内城分前、中、后三部分。前部以正殿为中心；后部是皇帝的内宅寝宫；中部是一个狭长的院子，院内两端各有廊瓦房 5 间，是主管太监和首领太监的值守房。斋宫面积 4 万平方米，有建筑房屋 200 余间，虽不及紫禁城金碧辉煌，但规模也很宏大，而且典雅清幽。明、清两朝皇帝均在祀前来此"致斋"三日，只有雍正皇帝以后"致斋"的前两日改在紫禁城内斋宫"致斋"，最后一天才迁居天坛斋宫。外围有两重御沟，外沟内岸四周有回廊 163 间。宫面东有正殿 5 间，为无梁殿式供券砖石结构。正殿月台上有斋戒铜人亭和时辰牌位亭，殿后有寝殿 5 间，东北隅有一座钟楼，内悬永乐年制太和钟一口。

　　神乐署在圜丘坛西天门外西北，始建于明朝永乐十八年（1420年）。神乐署是管理祭天时演奏古乐的机关。明代叫神乐观，当时神乐观的乐舞官、舞生都由道士担任。明朝永乐十八年迁都北京时，有 300名乐舞生随驾进北京，以后明代神乐观常保持有乐舞生 600 名左右。到嘉靖时乐舞生总人数达 2200 名。

　　北京天坛是世界上最大的古代祭天建筑群。在中国，祭天仪式起源于周朝，自汉代以来，历朝历代的帝王都对此极为重视。明永乐以后，每年冬至、正月上辛日和孟夏（夏季的首月），帝王们都要来天坛举行祭天和祈谷的仪式。如果遇上少雨的年份，还会在圜丘坛进行祈雨。在祭祀前，通常需要斋戒。祭祀时，除了献上供品，皇帝也要率领文武百官朝拜祷告，以祈求上苍的垂怜施恩。

　　天坛建筑的主要设计思想就是要突出天空的辽阔高远，以表现"天"的至高无上。在布局方面，内坛位于外坛的南北中轴线以东，而

圜丘坛和祈年坛又位于内坛中轴线的东面，这些都是为了增加西侧的空旷程度，使人们从西边的正门进入天坛后，就能获得开阔的视野，以感受到上天的伟大和自身的渺小。就单体建筑来说，祈年殿和皇穹宇都使用了圆形攒尖顶，它们外部的台基和屋檐层层收缩上举，也体现出一种与天接近的感觉。

天坛还处处展示着中国传统文化所特有的寓意、象征的表现手法。北圆南方的坛墙和圆形建筑搭配方形外墙的设计，都寓意着传统的"天圆地方"的宇宙观。而主要建筑上广泛地使用蓝色琉璃瓦，以及圜丘坛重视"阳数"、祈年殿按天象列柱等设计，也是这种表现手法的具体体现。

1961年，国务院公布天坛为"全国重点文物保护单位"。1998年被联合国教科文组织确认为"世界文化遗产"。

北海公园（中国）

北海公园位于北京市中心区，是我国保留下来的最悠久最完整的皇家园林，面积约 71 万平方米。辽、金、元建离宫，明、清辟为帝王御苑，1925 年开放为公园。全园以北海为中心，园内亭台别致，游廊曲折。琼岛上有高 67 米的藏式白塔（建于 1651 年）和永安寺、庆霄楼、漪澜堂、阅古楼，还有清乾隆帝所题燕京八景之一的琼岛春阴碑石及假山、邃洞等。东北岸有画舫斋、濠濮涧、镜清斋、天王殿、五龙亭、九龙壁等建筑；其南为屹立水滨的北海团城，城上葱郁的松柏丛中有造型精巧的承光殿。

北海的建设源于一个古老的传说：据说，浩瀚的东海上有 3 座仙山——蓬莱、瀛洲、方丈，山上住着长生不死的神仙。秦始皇统一中国后，派方士徐福前往东海寻找不死药，可一无所获。到了汉朝，汉武帝也做起了长生不死之梦，可寻找仍然没有结果，于是下令在长安北面挖了一个大水池，名"太液池"，池中堆起 3 座假山，分别以蓬莱、瀛洲、方丈三仙山命名。自此以后，历代皇帝都喜欢仿效"一池三山"的形式来建造皇家宫苑。北海采取的正是这种形式——北海象征"太液池"，"琼华岛"是蓬莱，原在水中的"团城"和"犀山台"则象征瀛洲和方丈。园中有"吕公洞"、"仙人庵"、"铜仙承露盘"等许多求仙的遗迹。

北海园林的开发始于辽代，金代又在辽代初创的基础上于大定十九年（1179 年）建成规模宏伟的太宁宫。太宁宫沿袭我国皇家园林"一池三山"的规制，并将北宋汴京艮岳御园中的太湖石移置于琼华岛上。至元四年（1267年），元世祖忽必烈以太宁宫琼华岛为中心营建大都，琼华岛及其所在的湖泊被划入皇城，赐名万寿山、太液池。永乐十八年（1420年）明朝正式迁都北京，万寿山、太液池成为紫禁城西面的御苑，称西苑。明代向南开拓水面，形成三海的格局。清朝承袭明代的西苑，乾隆时期对北海进行大规模的改建，奠定了此后的规模和格局。

北海公园的主要景点由3部分组成。南部以团城为主要景区，中部以琼华岛上的永安寺、白塔、悦心殿等为主要景点，北部则以五龙亭、小西天、静心斋为重点。

团城位于北海公园南门西侧，享有"北京城中之城"之称。团城处

北海公园中的九龙壁

于故宫、景山、中南海、北海之间，四周风光如画，苍松翠柏。承光殿位于城台中央，内有龛一座，供奉着用整块玉雕琢的白色玉佛像一尊，高 1.5 米，头顶及衣服饰以红绿宝石，佛像面容慈祥，洁白无瑕，光泽清润。

团城上有金代所植的桧子松，距今有 800 多年的历史，是北京城最古老的树林，还有数百年树龄的白皮松两棵，探海松一棵，后天帝曾封桧子松为"遮荫侯"，白皮人参为"白袍将军"，探海松为"探海侯"。三树皆树色苍翠，更加衬托出团城的幽静环境。

琼华岛位于北海公园太液池的南部，岛上建筑依山势布局，高低错落有致，掩映于苍松翠柏中，南面以永安寺为主体，并有法殿、正觉殿等。东南面有石桥和岸边相连，有风景如画的景山。永安寺白塔始建成于 1651 年，塔高 35.9 米，塔基为砖石须弥座，座上有 3 层圆台，白塔下有"藏井"。

琼岛的西面原是清代皇帝游园时休息、议事或举行宴会的悦心殿。殿后的庆霄楼系乾隆帝陪其母后冬季观看冰上掷球竞技的地方。在西北面有阅古楼，楼内存放自魏晋至明代的法帖 340 件，题跋 210 多件，刻石 495 方。内壁嵌存的摹刻故宫中的《三希堂法帖》，堪称墨宝，为清乾隆年间原物。这一带还有琳光殿、延南熏亭和山腰中的"铜仙承露盘"。

琼岛的东北坡古木参天，这里便是"燕京八景"之一的"琼岛春荫"。沿着乾隆帝御题的"琼岛春荫碑"旁的小路前行，可直通迂回曲折的"见春亭"和"看画廊"，景色犹如一幅天然山水画，美不胜收。廊外有湖石堆砌的幽洞石室，变幻无穷。

沿湖边北面的山麓下，有原为帝后们垂钓、泛舟后休息、进膳的漪澜堂，现已开设仿膳饭庄。漪澜堂向东有"濠濮间"和"画舫斋"两组建筑，布置精巧，环境幽静，构成园中之园。清代的帝后、大臣们常在濠濮间宴饮。画舫斋系清代皇家行宫之一，也是皇帝约集著名画家作画之所。门外是检阅军队的地方。其南为"春雨林塘"殿，东系"镜香室"，西是"观妙室"。

五龙亭在北海北岸西部，建于明万历三十年（1602年），清代屡有修葺。此处原是明代泰素殿的旧址，清代顺治八年（1651年）拆除泰素殿，改建为5座亭子。

五龙亭伸入水中，由5间亭子组成，五亭俱为方形，前后错落布置。五亭之间由桥与白玉石栏杆相连呈S形，如同巨龙，故称龙亭。中间亭子最大，称龙泽亭，重檐，下方上圆；左边两亭名为澄祥、滋香，澄祥亭为重檐，滋香亭为单檐；右边两亭名为涌瑞、浮翠，与左边相同。五亭皆为绿琉璃瓦顶，黄瓦剪边，檐下梁枋施小点金旋子彩画，绚丽多彩，金碧辉煌。龙泽、滋香、浮翠三亭石岸下有单孔石桥一座，通向北岸。

当年，龙泽亭是专供封建帝后们钓鱼、赏月、观焰火的地方，其余四亭是文武官员陪钓的地方。清人诗曰："液池西北五龙亭，小艇穿花月满汀，酒渴正思吞碧海，闲寻陆羽话茶经。"

苏州古典园林（中国）

　　苏州（隶属江苏省）古典园林有"不出城郭而获山水之怡，身居闹市而有灵泉之致"的美称，历史可上溯至公元前6世纪春秋时吴王的园圃。苏州城历史悠久，私家园林始建于公元前6世纪，至明代建园之风

狮子林

拙政园

尤盛，清末时城内外有园林170多处，为苏州赢得了"园林之城"的称号。现存名园十余处，闻名遐迩的有沧浪亭、狮子林、拙政园、留园、网狮园、怡园等。苏州园林占地面积小，采用变换无穷、不拘一格的艺术手法，以中国山水花鸟的情趣，寓唐诗宋词的意境，在有限的空间内点缀假山、树木，安排亭台楼阁、池塘小桥，使苏州园林以景取胜，景因园异，给人以小中见大的艺术效果。

拙政园与北京颐和园、承德避暑山庄、苏州留园并称为我国四大古典名园之一，被誉为"中国园林之母"，享有"江南名园精华"的盛誉，现为全国重点文物保护单位。

沧浪亭是现存苏州园林中历史最为悠久的园林。全园景色简洁古朴，落落大方，不以工巧取胜，而以自然为美。

狮子林为苏州四大名园之一，至今已有600多年的历史。既有苏州

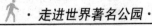

古典园林亭、台、楼、阁、厅、堂、轩、廊之人文景观，更以湖山奇石、洞壑深邃而享誉盛名，素有"假山王国"之美誉。

　　留园为苏州四大名园之一。园中分 4 个风景区，以建筑空间处理得当而居苏州园林之冠。

　　网师园占地不及拙政园的 1/6，但小中见大，布局严谨，主次分明又富于变化，园内有园，景外有景，精巧幽深之至。建筑虽多，却不见拥塞，山池虽小，却不觉局促，因此被认为是苏州古典园林中以少胜多的典范。

　　怡园是苏州园林中建筑最晚的园林，因而得以博采众长，形成其集锦式的特点。

　　苏州园林是文化意蕴深厚的"文人写意山水园"。古代的造园者都

留　园

有很高的文化修养，能诗善画，造园时多以画为本，以诗为题，通过凿池堆山、栽花种树，创造出具有诗情画意的景观，被称为是"无声的诗，立体的画"。在园林中游赏，犹如在品诗，又如在赏画。

为了表达园主的情趣、理想、追求，园林建筑与景观又有匾额、楹联之类的诗文题刻，有以清幽的荷香自喻人品（拙政园"远香堂"），有以清雅的香草自喻性情高洁（拙政园"香洲"），有追慕古人似小船自由漂荡怡然自得的（怡园"画舫斋"），还有表现园主企慕恬淡的田园生活的（网师园"真意"、留园"小桃源"）等等，不一而足。这些充满着书卷气的诗文题刻与园内的建筑、山水、花木自然和谐地糅合在一起，使园林的一山一水、一草一木均能产生深远的意境，徜徉其中，可得到心灵的陶冶和美的享受。

苏州园林虽小，但古代造园家通过各种艺术手法，独具匠心地创造出丰富多样的景致，在园中行游，或见"庭院深深深几许"，或见"柳暗花明又一村"，或见小桥流水、粉墙黛瓦，或见曲径通幽、峰回路转，或是步移景易、变幻无穷。至于那些形式各异、图案精致的花窗，那些如锦缎般的在脚下迁伸不尽的铺路，那些似不经意散落在各个墙角的小品更使人观之不尽、回味无穷。

苏州古典园林的重要特色之一，在于它不仅是历史文化的产物，同时也是中国传统思想文化的载体。表现在园林厅堂的命名、匾额、楹联、书条石、雕刻、装饰以及花木寓意、叠石寄情等。这些不仅是点缀园林的精美艺术品，同时储存了大量的历史、文化、思想和科学信息、物质内容和精神内容都极其深广。其中有反映和传播儒、释、道等各家哲学观念、思想流派的；有宣扬人生哲理，陶冶高尚情操的；还有借助古典诗词文学，对园景进行点缀、生发、渲染，使人于栖息游赏中，化景物为情思，产生意境美，获得精神满足。而园中汇集保存完好的中国历代书法名家手迹，又是珍贵的艺术品，具有极高的文物价值。

另外，苏州古典园林作为宅园合一的宅第园林，其建筑规制又反映了中国古代江南民间起居休戚的生活方式和礼仪习俗，是了解和研究古代中国江南民俗的实物资料。

　　苏州古典园林历史绵延 2000 余年，在世界造园史上有其独特的历史地位和价值，它以写意山水的高超艺术手法，蕴含浓厚的传统思想文化内涵，展示东方文明的造园艺术典范，实为中华民族的艺术瑰宝。1997 年 12 月，江苏苏州古典园林被列入《世界遗产名录》。

张家界国家森林公园（中国）

张家界国家森林公园位于武陵源风景名胜区南部，距张家界城区32千米，距武陵源区人民政府驻地约28千米，均有公路通达。张家界地域古属朝天山，因明崇祯邑人张再弘"蒙恩赐团官"设衙署于此而得名，也曾称被称为马鬃岭。1958年建立国营张家界林场。1982年经国务院批准为国家森林公园。1994年由林业部命名为"国家示范森林公园"。

境内峰密岩险，谷深涧幽，水秀林碧，云缭雾绕；集雄、奇、幽、野、秀于一体，汇峰、谷、塈、林、水一色；有金鞭溪、黄狮寨、琵琶溪、腰子寨、畲刀沟、袁家界等6个小景区游览线，已命名景点90多个；有标准石板游道6条，总长21.8千米；车行游道总长29.8千米。

张家界国家森林公园，有3000多座奇峰异石，似人似物，神形兼备，或粗犷，或细密，或奇绝，或诡秘，浑朴中略带狂狷，威猛中又带妖媚，危岩绝壁，雍容大气。

张家界森林资源非常丰富，园内森林覆盖率达97.7%，世界上五大名科植物，如菊科、兰科、豆科、蔷薇科、禾本科在这里都有。就树木种类来说，有93科，157种，比整个欧洲还多一倍，而且，多为稀有珍贵树种，如珙桐、鹅掌楸、杜仲、银杏等。园内花卉也十分美丽、独特，如一天能变5种颜色的五色花、张家界独有的龙虾花等。

金鞭溪沿线是张家界风景最美的地界之一，从张家界森林公园门口

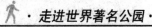

进入后，往前步行 300 米左右就是金鞭溪的入口，全溪长 5.7 千米。全溪穿行在峰峦幽谷云间，幽静异常，溪水明净如镜，跌宕多姿，小鱼游弋其中，溪畔花草鲜美，鸟鸣莺啼，人沿清溪行，胜似画中游。

黄狮寨位于森林公园中部，为一巨大方山台地，海拔 1080 米，是雄伟、高旷的观景台。寨顶面积 16.5 公顷，西南略高，东北稍低。周围则悬崖绝壁，绿树丛生，其中也形成了许多凌空观景台。阴雨天气，寨台四周云漫万壑，千峰攒聚；清晨日出，薄雾飘飞，群峰或明或暗，变幻神奇；静夜月明，星空辽阔，沿寨环行，群峰皆立足下，远近诸般奇景尽收眼底。故有"不上黄狮寨，枉到张家界"之说。1983 年 9 月 7 日上午，寨顶北端飞云洞上空出现"宝光"（宝光古人称"佛光"，为阳光辐射云雾时出现的彩色光环，是一种自然现象），持续 20 分钟。十分奇妙。

张家界景观

袁家界位于公园北部，是张家界的核心景观和精品游览线。这里是一方山台地，后依岩峰山峦，面临幽谷群峰，从东向西延伸。主要景点有：乾坤柱、神龟闹海、醉月台、天王塔、天下第一桥、迷魂台、后花园、羊寨等。其中天下第一桥、迷魂台、后花园堪称绝景奇观。

在沙刀沟右侧，袁家界南端，一座石桥飞架于两座巨大的石峰之巅。桥宽2米，跨度50米，绝对高度300多米。桥上两壁上端均有绿树簇拥，给人以安全之感，伫立桥上，云涌雾蒸，莫测谷深。

从天下第一桥东行200米，再南行50米即至迷魂台，高低错落的翠峰，如楼如阁，如台如榭，如凳如椅，如人如兽，千姿百态，景象万千。有时云雾包围了观景台，像浮在云雾之上的天宫一般，令人魂迷，难辨方位，故名"迷魂台"。

在袁家界中坪与下坪交界处有个凹台。立台俯视，但见林木繁茂，芳草丛生，数十座玲珑石峰点缀在繁花绿叶之中，百鸟啼啭，溪流潺潺，好似一座巨大的花园。阳光直射溪谷之时，石峰凝绿染丹，清新悦目，素有后宫三千的美称，故称"后花园"。

香港海洋公园（中国）

香港海洋公园是世界最大的海洋公园之一，位于香港南部香港仔海洋公园道。建成于 1977 年。其三面环海，东濒深水湾，南临东博寮海峡，西接大树湾。它占地 87 万平方米，是亚洲最大的海洋公园。公园建筑分布于南朗山上及黄竹坑谷地。两园间设有架空缆车，游客只需乘坐 1.4 千米的缆车，便可来往于两园之间，形成一个完整的公园景区。在缆车内还可观赏深水湾、浅水湾海景。它包括海洋天地、集古村、绿野花园、雀鸟天堂、山上机动城、急流天地、水上乐园、儿童王国等八区。

香港海洋公园中的海豚表演

香港海洋公园拥有全东南亚最大的海洋水族馆及主题游乐园，凭山临海，旖旎多姿，是访港旅客最爱光顾的地方。在这里不仅可以看到趣味十足的露天游乐场、海豚表演，还有千奇百怪的海洋性鱼类、高耸入云的海洋摩天塔，更有惊险刺激的越矿飞车、极速之旅，堪称科普、观光、娱乐的完美组合。

香港海洋公园山上有海洋馆、海洋剧场、海涛馆、机动游戏。山下则有水上乐园、花园剧场、金鱼馆及仿中国宫廷建筑所建的集古村，村内有亭台楼阁、庙宇街景，反映出我国历史风貌，使古代街景重现，并有民间艺术表演。

　　"越矿飞车"和"极速之旅"，让人感受到这里疯狂、刺激的一面。"极速之旅"会将你送上60米高空，在稍事停留片刻后，再疾速滑落地面，40秒中给你前所未有的心理挑战。

　　海洋公园每年接待游客达200多万人次。游人可利用吊车和扶手电梯往来于公园各个景点，透过玻璃设备，可欣赏美丽的珊瑚。新奇的节目有海豚和杀人鲸的表演，并有高空跳水。全新的"太平洋海岸"洋溢着北美加州海岸的文化魅力和自然美景。在海涛奔腾、海岸嶙峋及宁静宜人的沙滩景致中，海狮、海豹乐陶陶地迎接着每一位游人。

九寨沟地质公园（中国）

九寨沟国家地质公园位于青藏高原东缘岷山山脉南段尕尔纳峰北麓，九寨沟县西部，南与松潘黄龙隔山相望，东接王朗自然保护区；南北长 38 千米，东西宽 23 千米，面积 728.3 平方千米。经流水、生物和喀斯特作用形成的湖泊、瀑布和滩流组合成独特而唯一的"梯湖叠瀑"奇观：114 个翠海（高山湖泊）、47 眼泉水、17 个瀑布、11 段湍流、5 处滩流以 1870 米的海拔高差，在 12 座雪峰之间穿林跨谷，珠串玉接，连绵逶迤 50 余千米，形成以高山湖泊群、瀑布群和钙华滩流为主体的旷世美景。

九寨沟地质公园景观

九寨沟国家地质公园内巨厚的石灰岩层，丰富的古生物化石，清晰的地层剖面，以及第四纪冰川遗迹、泉群、奇峰、峡谷、洞穴等构成了天然的地质教科书。其主要保护对象是地质遗迹钙化湖泊、滩流、瀑布景观和岩溶水系统及森林生态系统，以及以大熊猫为代表的珍稀野生动植物、丰富的自然生态系统等。区内地质遗迹景观组合好、类型多，而且特性强、品位高，具有极大的科研、美学和旅游价值。同时园内保存有珍贵的文化景观，如尊奉原始"苯波教"的扎如寺庙、9个古老淳朴的藏族村寨等，形成了以梯湖叠瀑的奇异水景、丰富多样的生态系统、多民族交汇带的藏族文化、典型而独特的地质遗产为主要特征的九寨沟风景区。九寨沟同时拥有"世界自然遗产"、"世界生物圈保护区"、"绿色环球21"三项国际桂冠的国家重点风景名胜区、5A级风景区；这里还是以大熊猫、金丝猴等珍稀动物及其自然生态环境为保护对象的森林和野生动物类型国家级自然保护区。

九寨沟地质公园拥有堪称地球上最清新的空气，其大气能见度50千米，悬浮微粒每立方米0.06毫克，二氯化硫每立方米2.9毫克，空气负离子每立方厘米18400个，氮氧化物每立方米2.2毫克。

九寨沟年平均气温7.8℃，1月份平均气温2.5℃，4月份为9℃，7月份为17℃，10月份为8.3℃，年降雨量552毫米，其中80%的降水集中在5月至10月。全年日照时间在1900小时左右。

九寨沟地质公园其独特的地理位置和气候特征，造就了九寨沟生物的多样性：419种藻类、203种菌类、2061种维管植物、693种无脊椎动物、310种脊椎动物（鱼类2种、两栖类6种、爬行类4种、鸟类222种、兽类76种），加之分别以独叶草、大熊猫为代表的74种国家Ⅰ、Ⅱ级保护植物和47种国家级保护动物，组成了天然的物种博物馆和生命的基因库，使九寨沟地质公园成为名副其实的绿色宝库、生命天堂。

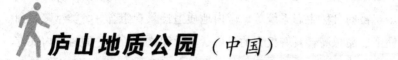

庐山地质公园（中国）

庐山地质公园位于江西省九江市，总占地面积 500 平方千米，主要地质遗迹类型为地质地貌、地质剖面。

地质公园内发育有地垒式断块山与第四纪冰川遗迹，以及第四纪冰

庐山天桥冰溢口

川地层剖面和早元古代星子岩群地层剖面。迄今为止，在庐山共发现100余处重要冰川地质遗迹，完整地记录了冰雪堆积、冰川形成、冰川运动、侵蚀岩体、搬运岩石、沉积泥砾的全过程，是中国东部古气候变化和地质特征的历史记录。与欧洲阿尔卑斯地区及北美地区第四纪冰川活动特征有许多相似之处，具有全球对比意义，对研究全球古气候变化和地质发展史具有极高的科学价值。

庐山既是中国山水文化的重要发祥地，又是以陶渊明为创始人的中国田园诗的诞生地。历史上曾有1500多位知名科学家、文学家、哲学家、文人墨客来到庐山考察旅游，留下了4000多首著名的诗篇及近千篇（幅）学术论文、游记、画卷，集中体现了庐山是中国山水文化的精彩折射和历史缩影。

公园生物资源丰富，森林覆盖率达76.6％。各种植物近3000种，昆虫2000余种，鸟类170余种，兽类37种。山麓鄱阳湖候鸟保护区，是"鹤的王国"，有世界最大的白鹤群，被誉为中国的"第二座万里长城"。

公园地处我国亚热带东部季风区域，面江临湖，山高谷深，具有鲜明的山地气候特征。年平均降水1917毫米，年平均雾日191天，年平均相对湿度78％，每年7月至9月平均温度16.9℃，夏季极端最高温度32℃。良好的气候和优美的自然环境，使庐山成为世界著名的避暑胜地。

蕴含中西的庐山建筑文化驰名中外。从19世纪末到20世纪30年代，世界上20多个国家在庐山牯岭建别墅近千栋。清凉秀美的庐山20世纪初就被称为"万国公园"、"世界村"。庐山的历史遗迹与人文景观，以其独特的方式融汇在具有突出价值的自然美之中，形成了具有极高美学价值的与中华民族精神和文化生活紧密相连的文化景观。

黄山地质公园（中国）

黄山地质公园雄踞于风光秀丽的皖南山区，面积约 1200 平方千米，是以中生代花岗岩地貌为特征的地质公园。

在距今约 1.4 亿年前的晚侏罗世纪，地下炽热岩浆沿地壳薄弱的黄山地区上侵，大约在 6500 万年前后，黄山地区的岩体发生较强烈的隆升。随着地壳的间歇抬升，地下岩体及其上的盖层遭受风化、剥蚀，同时也受到来自不同方向的各种地应力的作用，在岩体中又产生出不同方向的节理。自第四纪（距今 175 万年）以来，间歇性上升形成了三级古剥蚀面，终于形成了今天的黄山。在这些岩体中，在矿物组分、结晶程度、矿物颗粒大小、抗风化能力和节理的性质、疏密程度等多方的差异，造成了宛如鬼斧天工般的黄山美景。

黄山以"三奇"——奇松、怪石、云海，丰富的水景以及它们的相互组合表现其特质，显示了黄山天然的完美和谐，在丰富多变中见其有机统一。在立马桥、天都峰、北海等地段，被认为具有第四纪冰川而闻名。黄山冰川的存在与否，已争论了半个多世纪，至今尚无定论，这也是黄山地质公园又一诱人的魅力所在。

黄山地质公园以古桥、古登道、摩崖石刻与黄山山水画为特征，其底蕴深厚的文化渗透在雄奇秀美的自然山水之中。其中黄山画派在中国画坛上占有重要位置，对中国山水画的发展产生了重大的影响，是研究中国文化、中国画史的重要资料。总之，黄山地质公园具有花岗岩地貌、第四纪冰川遗迹、水文地质遗迹等地质遗迹和地质景观资源与黄山文化等人文景观资源以及丰富的动植物资源，构成了一座集山、水、人文、动植物为一体的大型花岗岩区天然博物馆。

黄山奇松

　　黄山地质公园地处中亚热带北缘、常绿阔叶林、红壤黄壤地带。气候属亚热带季风气候，阴雨天多，云雾天多，接近于海洋性气候，夏无酷暑，冬少严寒，四季平均温度差仅 20℃ 左右。夏季最高气温 27℃，冬季最低气温 -22℃，年均气温 7.8℃，夏季平均温度为 25℃，冬季平均温度为 0℃ 以上。年平均降雨日数 183 天，多集中于 4 月至 6 月，山上全年降水量为 2395 毫米。西南风、西北风频率较大，年平均降雪日数 49 天。

　　公园自然环境条件复杂，生态系统稳定平衡，植物垂直分带明显，群落完整，还保存有高山沼泽和高山草甸各一处，是绿色植物荟萃之

地，森林覆盖率为 56%，植被覆盖率达 83%。黄山野生植物约有 1452
种，其中属国家一类保护的有水杉，二类保护的有银杏等 4 种，三类保
护的有 8 种。有石斛等 10 个物种属濒临灭绝的物种，其中 6 种为中国
特有种，黄山特有 2 种。首次在黄山发现或以黄山命名的植物有 28 种，
尤以名茶"黄山毛峰"、名药"黄山灵芝"驰名中外。黄山动物种类 300
多种，有梅花鹿、黑麂、毛冠鹿、苏门羚、长尾雉等 14 种国家级保护
的野生动物。

云南石林地质公园（中国）

云南石林地质公园位于云南省昆明市石林彝族自治县境内，距云南省首府昆明市中心 78 千米，海拔 1600 米至 2203 米。石林县碳酸盐岩分布面积达 900 平方千米，其中石林喀斯特面积超过 400 平方千米，集中于石林县中部，北起乃古石林北、南至蓑衣山，长 30 余千米，宽约 10 千米的南北向条带。

云南石林地质公园是一个以石林地貌景观为主的岩溶地质公园。晚古生代这里为滨海——浅海环境，沉积了上千米的石灰岩、白云岩，为形成本区石林地貌奠定了基础。这里经受后期地壳运动的抬升作用成为陆地，多次遭受地下水、地表水沿岩石裂隙进行溶蚀，最后形成了组合类型多样的石林地貌景观。最早一期石林形成于 2 亿 5 千多万

云南石林

年前的早二叠世晚期，而最新一期的石林还正在形成。其间经历了玄武

岩和湖泊碎屑沉积的覆盖以及多次的抬升剥蚀。在独特的地质、气候、水文条件下，多期石林继承发展，相互叠置，层次分明。

公园地质遗迹景观丰富，其中石林喀斯特景观最引人注目：以类型多样、造型奇特、观赏性强、发育历史久远、演化复杂为特征。公园是世界上非同寻常的一流自然美地学景观区，是世界上石林喀斯特类型最多的地区之一，誉为"石林喀斯特博物馆"和"天下奇观"。

公园还是目前唯一位于亚热带高原地区的石林。在保护区内，低矮的石牙与高大的石柱成簇成片广布于山岭、沟谷、洼地等各种地形，并且与喀斯特洞穴、湖泊、瀑布等相共生，组成一副喀斯特地貌全景图。特别是这里连片出现高达20米至50米的石柱群，远望如树林，石林术语即源于此地。

步入迷宫般的石林，举目四望，比比皆是美妙造型，有的石柱拟人状物惟妙惟肖，无论是美丽的"阿诗玛"、雍容的"母子偕游"，还是优美的"凤凰梳翅"、险峻的"千钧一发"，无不展示了大自然的鬼斧神工和神奇造化。

彝族撒尼人已在石林地区居住了2000多年，他们的生活已与石林喀斯特密不可分。脍炙人口的《阿诗玛》，热烈的火把节，欢快的"阿细跳月"，深情的《远方的客人请您留下来》早已广为人知。多姿多彩的民族文化和浓厚的民族风情与环境宜人的石林地貌相配合，形成了天人合一的和谐美景，更增添了石林景观的吸引力。

由于石林突出的科学、美学和文化价值，1982年，云南石林地质公园被列为中国首批国家重点风景名胜区；2002年被列为中国首批国家地质公园；2004年，被联合国教科文组织列为首批世界地质公园。

玉山国家公园（中国）

　　玉山国家公园于 1985 年成立，是台湾地区 6 座国家公园之一，位于台湾中心位置，范围涵盖南投县、嘉义县、高雄县和花莲县，总面积约达 105490 万平方米，是台湾地区面积最大的国家公园，地形以高山及河谷为主，横跨玉山山脉和中央山脉等山系，包含海拔 3952 米拥有"东北亚第一高峰"美称的玉山主峰、玉山东峰、玉山北峰、玉山南峰、玉山西峰和八通关山等玉山山系以及秀姑峦山、关山、三叉山、向阳山和新康山等中央山系共 30 座，天然植被也随着海拔的变化从亚热带、温带至寒带呈现。

　　玉山国家公园的玉山群峰以玉山主峰为中心，涵盖台湾百岳山峰，是玉山国家公园特别景观区之一，也是 8 个特别景观区中面积最大的一个，有亚热带、暖温带、冷温带和高山寒原带等各种气候形态，发展出各种动物生态资源和植物林相，是台湾珍贵的大自然宝库。玉山主峰位于南投县信义乡，高耸的海拔让台湾成为世界地势第四高的岛屿，山脉巍巍高耸、气势逼人，东侧是碎石遍布的陡坡，西面深沟万壑，南侧和北侧则为陡峭的山壁，是台湾五岳之首、百岳之王。玉山国家公园规划的游憩点并设立游客中心为新中横公路的塔塔加游客中心、南横公路的梅山游客中心与东部地区的玉里、南安游游客中心，是一般游客欲了解玉山国家公园全貌的最佳去处。

　　玉山国家公园登山活动集中于玉山山区、八通关古道的东埔至八通

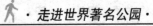

关与南安至瓦拉米的东西两出口与南横公路的关山、塔关山、关山岭山和向阳山。

　　玉山国家公园著名的玉山花期约在每年的 3 月至 4 月，因海拔超过 3000 米以上的山区，依然覆盖着霭霭白雪，倒是海拔 1500 米至 2500 米的山区已进入花季，最常见的花卉：3 月初春的笑靥花，3 月下旬至 4 月中旬的台湾马醉、杜鹃花，4 月下旬至 5 月下旬的毛地黄，5 月上旬在八通关草原一带的红毛杜鹃花、玉山杜鹃花，5 月下旬至 7 月上旬法国菊的美景，5 月下旬至 10 月上旬八通关草原、嘉明湖和南玉山的高山草原景致，迈入 9 月在秀姑峦山的黄菀、10 下旬至 11 月中旬的枫红和高山芒花，到 11 月下旬则是欣赏云海的时节，12 月下旬至来年 3 月上旬则可欣赏到白茫茫的雪花世界。

玉山景观

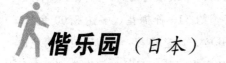

偕乐园（日本）

　　距东京 100 千米处的县府水户市是茨城县的政治经济文化中心，是由昔日的"城下町"逐渐繁荣发展起来的城市。

　　水户市境内的"偕乐园"是当地最著名的旅游景点之一。它与金泽的兼六园和冈山的后乐园并称为日本三大名园。

　　偕乐园是德川幕府统治时期，天保十三年（1842 年）七月，水户藩的第九代藩主德川齐昭亲自设计规划建造的传统日式园林，在千波湖畔的七面山上开凿辟园，另外又设置了弘道馆作为藩士们修文习武、休憩聚会的场所。面积大约 13 万平方米。其名字是根据中国孟子的名言"古人以民偕乐为乐"而得来的。因此，偕乐园并不作为统治者独占的园林，也向庶民开放，供老百姓玩赏。

　　众所周知，日本的造园理念可谓是别具一格，它追求一种禅意，并营造出安静、祥和的气氛，是一种模拟自然、追寻自然的现实主义的艺术风格。偕乐园就是日本传统园林的代表之作，其地势较高，人们站在园内的"仙弈台"上，远处美丽的千波湖和广袤的森林就可一览无余。"仙弈台"的左侧是一大片竹林，名叫"孟宗竹林"，从名字中就可以知道，当时造园者对孟子之道的推崇。这片竹林占据了偕乐园的整个西半部分。当风吹过时，竹林刷刷作响，长长的竹子都随风摆晃，会让人感觉恍如隔世。此外位于园内中心位置的好文亭，是德川齐昭设计的偕乐园之中的代表之作。小亭为两层三阶式的建筑，并且和木造的奥御殿连成一体，从远处看，"好

文亭"像是从奥御殿内延伸出来的亭子。亭子虽小，却从各个角度都能够看出设计者的用心以及整个亭子呈现出的洒脱、飘逸之感。

偕乐园的每个地方都种植了大量的梅树。偕乐园最初命名为"梅园"，德川齐昭在造园时就是以种植梅树为最大目的的，园内有白难波、烈公梅、柳川、冬至梅、八重寒红等约110种梅花，多达3500余株。每年2月左右梅花绽放枝头，竞相开放，甚是好看。来偕乐园赏梅花也成为日本人的习俗。然而据说造林的真正目的不只是观赏梅花，还有采收梅子。当时的统治者是为了防备饥馑，或者是在发生"攘夷"战争的时候，老百姓们可以用梅子做梅馅饭团。

偕乐园也是古时候文人骚客往来之地。明治时代的俳句家正冈子规曾经登上"好文亭"的乐寿楼，面对着南山上盛开的梅花抒发情怀，写下咏梅的诗句。现在"好文亭"的正前方的"子规之句"碑，就是为了纪念这位俳句诗人而建的。除了初春赏梅花以外，偕乐园的夏天也是千娇百媚；秋天更是片片绯红；还有冬天，银装素裹，尽显北国之魅力。来偕乐园，一年四季都可称为是最佳时节。

"好文亭"在1945年的水户空袭当中惨遭烧毁，在1958年完成重建，但是1969年时又遭雷击再度烧毁，1972年再度完成重建作业。

1999年7月，偕乐园和旁边的千波公园合并为"偕乐园公园"，成为世界上面积第二大、仅次于纽约中央公园的都市公园。

冈山后乐园（日本）

冈山后乐园是日本三大名园之一，位于日本冈山市近郊，是冈山藩主池田纲政命家臣津田永忠于贞享四年（1687 年）建造的，于元禄十三年（1700 年）建成。昭和九年（1934 年）的水灾，昭和二十年

冈山后乐园景观

（1945年）二战中的冈山大空袭，使冈山后乐园遭受了巨大的损失。后来按照池田家的图进行了修复。昭和二十七年（1952年）被指定为特别名胜。

冈山后乐园占地133，000平方米，设计别具匠心，游客可以环绕池塘、林地观赏不同的风景。这是一个纯日本风格的庭园，却给人以一种西洋风格的印象，大概是由于其中草坪较多，草坪约占园内面积的1/5。

园内景观以泽之池、唯心山为中心。泽之池为后乐园内最大的人工池塘，池塘内的3座人工岛，分别设置成茶室的中之岛、垂钓用的御野岛及白砂和青松围绕的砂利岛。正门入口处的延养亭是池田藩主主要的居所，旁边是能乐舞台，舞台内展示着当时的能乐服饰。

因为位于沙洲，湿度较低，故园内苔藓类不易生长，取而代之的是野山上自生的草皮。园内还配置有优美的小河、池塘和瀑布，其水全部由旭川引入。据说因为沙洲比旭川的水面高，正好利用虹吸原理进行引水。位于庭园西南侧的"花叶池"畔，置有一块巨石，名叫"大立石"。仔细看去，上有几道切痕。当时这块石头从濑户内海的岛上运来前被切割为29块，运到这里后再按原样衔接起来。庭园中的亮点是位于庭园中心的假山——唯心山。登上此山，可观赏以泽之池为中心的如画的景色。

冈山后乐园与一般的日本园林不同，它是第一个大面积种植草坪的园林。其他的日本园林多利用青苔来点缀。冈山少雨，青苔难生；而后乐园又位于河流下游，土质多沙。草坪是为了固沙保土而植。后乐园的另一大特点是集各朝各地园林风景之所长。比如，平安时代的池中岛、室町时代的树石相间、安土桃山时代的苏铁园林等，滋贺的近江八景、长野的木曾路等各地著名风景在园中也有所表现。

冲绳海洋博览会纪念公园（日本）

　　冲绳海洋博览会纪念公园是于 1975 年在举办冲绳国际海洋博览会的会址上修建起来的一座综合性的、具有亚热带特点的大规模公园。公园占地面积达 70 万平方米，南北长 3 千米，以"阳光、鲜花、大海"为主题。该海洋公园也是继亚特兰大乔治亚海洋馆之后的世界第二大海洋公园。

　　1975 年冲绳举办了以海洋为主题的世界海洋博览会。博览会闭幕

冲绳海洋博览会纪念公园中的鱼类

后，为了纪念这次博览会，将会址改建成了今天的海洋博览会纪念公园。

　　冲绳海洋博览会纪念公园内有海水族馆、热带梦幻中心、海豚剧场、海洋文化馆、热带植物园和冲绳乡土村等游览景点。这里有近200种热带鱼和70多个品种的鸡鱼、竹夹鱼等罕见鱼类，另外还有金银鲷、高脚蟹，它们在深蓝色的海水中受光线和音响的引导，成群结队不断回游，煞是好看。绚丽多彩的热带鱼、体长达7.5米堪称世界第一大鱼的鲨鱼和鳐鱼、活生生的珊瑚礁等，都可以在冲绳海洋公园见到。据说该水族馆之所以有名是因为它的一个世界第一和一个世界最早，世界第一是指该水族馆拥有饲养鲨鱼用的世界最大的水槽，该水槽全长22.5米，高8.2米，纵深37米，丙烯玻璃厚度60米，蓄水量7500立方米，身高1.7米的人站在它的面前都显得十分渺小。

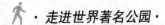

日光国立公园（日本）

在日本东京以北约120千米的地方，有一处群山环抱、景致万千、历史文化深厚、具有传奇色彩的游览区，这就是日光国立公园。日光国立公园位于日本栃本县日光市西北。公元782年，探险家上人昭道和尚移居日本，并在那里修建了许多敬奉山神的寺庙。从此，日光就逐渐发展成为一个文化和宗教中心。游览日光国立公园需从日光市西北方向的中禅寺开始。在神话中为争夺领地权而同赤城山大战并取得胜利的男体山就耸立在中禅寺湖北岸。中禅寺湖东岸有一座依山傍水、连檐重阁的寺庙，这就是中宫祠。该寺的建筑大都采用中国式的粉墙青瓦和日式的移门结构，显得清幽雅致。它最初坐落在男体山脚下，公元784年迁至中禅寺湖，因为当时人们认为这里更为神圣。祠中的五台户殿是上人和尚为祭拜中禅寺湖及其附近山岳的5位守护神而修建的。它背靠峭壁，居高临下，俯视着整个中宫祠院。

中禅寺湖再往东，就是日光国立公园的两个主要的游览点：以东照宫为主体的寺庙群和神桥。东照宫是此公园主要的神社，是为纪念江户时代的第一个幕府将军暨德川幕府的创始人德川家康而修建的。这位被神化了的幕府将军的追随者遍布全国，因此在日本各地为纪念他而建立的神社多达100余处。据说东照宫是日本最玲珑别致的神社群建筑之一。

神社大部分寺庙是由德川幕府第三代将军德川家光于1636年修建

的。在主神社外有一座玲珑剔透的 5 层红塔——五重塔。它是一个封建主于 650 年进贡的礼品。1815 年，原塔被大火烧毁。目前这座塔是这个封建主的家人于 4 年以后重建的。与日本和中国大多数塔式建筑不同，该塔从上到下，每一层塔顶都为一个尺寸，而非圆锥形，采取这种设计是为了防止塔层积雪。东照宫还建有一个神马厩。里面圈着神社举行仪式时所要使用的神马。马厩顶部四周装有 8 块猴子浮雕饰板，代表着那个时代人们所崇尚的美德：切戒奢望、避免争吵、孝敬父母和安居乐业，其中一幅 3 猴浮雕传递了这样的信息：不听邪说、不看邪行、不说邪话。这 3 只猴子体现了当初日光佛教派所信奉的"三大教条"。

　　离神马厩不远就是"日落门"。该门被认为是东照宫全部建筑中最精巧和最重要的杰作之一。这座金黑两色的"日落门"从设计到建造完

东照宫神厩舍上的三猴

工先后动用了 13 万名工匠。在古代，此门是禁止平民百姓通行的，有权通过者还必须身着自己最好的服装。附近还有一座门，尽管规模不及"日落门"，但也很漂亮，这就是通向正殿和其他神社建筑的具有中国建筑特色的"唐门"。中国的乌木镶嵌工艺为这座山门增添了一份魅力。"唐门"顶端盘卧着两条木雕"剪翅飞龙"，一条向北，一条朝西，守卫着神社。传说，因为这两条飞龙刻得活灵活现，人们才剪去其翅膀和尾巴，以防它们飞走。同"日落门"一样，在江户时代，只有那些前来晋谒幕府的达官贵人才能从门下通过。

去东照宫的路上要经过神桥，神桥是日本唯一的古桥，也是日本三大奇桥（山口县锦带桥、山梨县猿桥）之一。日光神桥属日光二荒山神社所有，神桥长 28 米，宽 7.4 米，朱红色的神桥，吊在大谷川湍急清透的溪水上，顺着山水望过去，风景着实不错。据说神桥当时只允许将军参拜时使用。而普通百姓过河时，则要使用在下游处的日光桥。神桥的来历据说和日光的开山鼻祖——胜道上人有关，1000 多年前胜道上人来日光开山时，经过大谷川溪水时过不去，于是向神佛请愿，于是深沙王现身，把一红一青两只蛇投入川中，变成了一座桥。现在神桥的形式是宽永十三年（1636 年），用木材重修的，并被涂成红色。

萨加玛塔国家公园（尼泊尔）

　　萨加玛塔国家公园位于尼泊尔喜马拉雅山区，在首都加德满都东北的索洛—昆布地区，坐落在珠穆朗玛峰南坡，是尼泊尔著名的旅游胜地，北部与中国西藏的珠穆朗玛自然保护区接壤，公园总面积 1244 平方千米。萨加玛塔国家公园是联合国教科文组织公布的首批文化遗产和自然遗产之一。

萨加玛塔国家公园

萨加玛塔国家公园包括萨加玛塔峰（即珠穆朗玛峰）等 7 座海拔 7000 米以上的高峰。珠穆朗玛峰位于中国和尼泊尔两国边界，海拔 8844.43 米，是世界上最高的山峰，尼泊尔人称珠穆朗玛峰为"萨加玛塔"，意思是"摩天峰"。

萨加玛塔国家公园有着极为丰富的动物和植物资源。园内地域海拔高度从 2850 米到 8844 米，形成了从亚热带到寒带，从山谷到高山的各种气候和生态环境，适合多种哺乳动物和植物生长。公园内至今生存着杜松、银桦和麝鹿、雪豹等珍稀植物和动物。小熊猫更是此地稀有物种，虽然体积面貌都与我国的国宝大熊猫不尽相同，但一样的憨态可掬。杜鹃花漫山遍野，大面积的红，在这雪山之上显得分外隆重。

萨加玛国家公园气候宜人，夏无酷暑，冬无严寒，一年之中最冷的月份是 1 月，平均温度为 -9℃ 至 3℃，一年之中最暖和的月份是 7 月，平均温度为 4℃ 至 14℃，年降水量为 1078 毫米，6 月到 9 月间降水量为 845 毫米。

萨加玛塔国家公园有夏尔巴人居住的村庄和庙宇。夏尔巴人信奉佛教，不杀生。他们生长在山区，体力充沛，有良好的适应能力，擅长在高原负重行走，许多登山队和旅游团请他们做向导或搬运工。在距珠穆朗玛峰（萨加玛塔）24 千米、海拔 3962 米的香波其建有一所现代化的旅馆，是世界上海拔最高的旅馆。旅行者可在此就近观赏萨加玛塔、洛茨等 15 座著名的雪峰。在香波其还建有海拔 4267 米的高山机场。每天有班机与加德满都往来。有旅游班机为旅客作"观山景"飞行，飞机翱翔在险峰之间，雪崖绝壁，冰川深谷，气象万千。

奇特万皇家国家公园（尼泊尔）

　　占地932平方千米的罗亚尔奇万国家公园（也有资料译为"奇特万"或"奇特旺"的）全称为"奇特万皇家国家公园"。它位于尼泊尔南部特拉伊平原天然动物保护区，是印度和尼泊尔之间喜马拉雅丘陵地带中为数不多的未遭破坏的自然区域之一。

　　奇特万皇家国家公园曾是尼泊尔皇室和他们的贵宾狩猎的私人领地。园内生长着青翠的竹林、高大壮观的婆罗双树、木棉树和享有"森林火焰"美誉的深红色二月花蕨，长势凶猛的藤蔓植物像巨蟒一样紧紧

园内孟加拉虎

缠绕着树木，合风不透，甚至能将大树置于死地。当然这里也不乏真正的巨蟒。还有长有环状白毛的叶猴在树梢间跳跃荡漾，直惹得绿色的长尾小鹦鹉惊慌而逃。林间空地上，孔雀悠闲地整理着羽毛，向世人炫耀它的美丽。鹿是奇特万国家公园里一道亮丽的风景线，生活在这里的鹿有 5 种之多，它们四处奔跑，尽情欢乐的身影深深地感染着来此的每个人。害羞的小鹿则一看见生人便消失得无影无踪。

在公园里，生活着尼泊尔唯一的亚洲独角犀牛族群，它们是尼泊尔的国宝，这些性格温顺的犀牛，身长 3 米至 4 米，三角形状的头部有独角，平日以青草为食，和人类相处和睦。此外，这里也是孟加拉虎的栖身之地。

奇特万皇家国家公园的植被基本是单一的盐质森林，覆盖面积达 60%。河水两岸的树林和野草错落相间，山上遍布松树和海枣树，最潮湿的山坡上生长着竹子。此外还有皇家狩猎场，是 1800 年以来就一直被护养的。这里的生态系统由野生有蹄动物、水边森林和高大的野草组成，每平方千米的生物重量可达 18950 千米，比亚洲其他任何地方都高，与非洲保护区的水平接近。

1984 年，奇特万皇家国家公园被列入《世界遗产名录》。

普林塞萨港地下河国家公园 （菲律宾）

普林塞萨港地下河国家公园位于巴拉望省北岸圣保罗山区。公园北临圣保罗湾，东靠巴布延海峡。它距离巴拉望省的首府普林塞萨港市的市中心西北大约80千米处，由陆路和水路都可以到达。它占地面积20，202万平方米，其中核心地区占地5，753公顷，缓冲地区占地14，449万平方米。特色是壮观的石灰石喀斯特地貌和那里的地下河流。公园的主要景观是被人们称为"地下河"或"圣保罗洞"的8千米多长的地下河，圣保罗洞

普林赛萨港地下河国家公园景观

在远古就为当地人所熟知，他们认为洞内居住着精灵，不让他们进洞。洞内林立着钟乳石和石笋，还有几个高大溶洞。河流的特点是直接流入大海，河流下游受潮汐影响。这个地方还是不同生物的保护区。

圣保罗地下河国家公园包括平原、丘陵和山峰。其中给人最深刻的印象是圣保罗山区喀斯特岩溶地貌景观。这里有 3 种森林形式：低地森林、喀斯特森林和灰岩森林。大约 2/3 受保护的植被都处于原始状态。这里的动物群包括无脊椎动物，地方性的哺乳动物包括豪猪、臭獾等，还有其他一些哺乳动物如熊狸、食蚁兽、东方小爪水獭、食蟹短尾猿、麝猫、麝猫等。鸟类包括苍鹭、猫头鹰、白腹金丝燕、小金丝燕、灌木鸡、海鹰。公园的海域里还生活着懦艮和海龟。地下河的河道和溶洞里生活着大量的金色燕和 8 种蝙蝠。

公园及其周边的土地是巴塔克人祖先的领土，周围生活着塔戈巴努阿人，他们一般都崇尚基督教文化。